学び直しで「リモート博士」

―働きながら社会人大学院へ―

山越　誠司

はしがき

本書は、私が２０２３年3月に神戸大学より博士（法学）を授与されるまでの経験をもとに、社会人の博士号について書いたものです。単なる経験談ではなく、多くの人に参考となるように、客観的な情報をもとに記述することを心がけています。

54歳で博士号を取得するまで、紆余曲折ありましたが、その過程で知り得たことは非常に多く、私が体験したことをできるだけ抽象化・普遍化して、博士号を目指そうという人の参考になればと思いました。

また、大きな変革期にある世界において、博士号は、自分が何者であるのかを知るのに役立つという意味で、すべての人に勧めたいと思っています。内容を読んでいただければわかりますが、大学を卒業していない方にも博士号の道は開かれています。私が大学生になったとき、４年制大学の進学率は25％でしたが、私の同世代の75％の方には関係ないという話ではない点を強調いたします。本書で確認してください。

本書は、アメージング出版の千葉慎也さんにご快諾いただけなければ世に出ませんでした。お礼申し上げます。また、子どもの教育費を使って父親が大学院に行くということは、家族の理解がなければ実現しませんでした。本当にありがとう！

最後に、本書はクラウドファンディングによる支援で出来上がっています。ご支援いただいた皆様、本当にありがとうございます。皆様との不思議なご縁を励みに、これからも精進いたします。どうぞよろしくお願い申し上げます。

ご支援いただいた方々は次のとおりです（敬称略、順不同）。

藤安貴士、柳生嘉洋、藤原直哉、髙木玲雄、齋藤由紀夫、小林正人、武田一男、中村公一、鈴木哲史、安藤泰弘、藤本研一、中西伸子、中山祥一、大野圭介、木下教之、池田紀子、錦野裕宗、持田信之、国原秀則、小山秀之、池島勝利、得平幸政、國部克彦、児玉稔、波環、瀧山康宏、中山浩一、榊素寛、安部徹、櫻庭涼子、大堀一彦、下山明子、長谷川充、諏訪勝宏、小山藍、坪井靖博、林晋吾、池谷誠、宮崎大地、岩瀬吉正、森元秀明、新邦昭

２０２３年９月　山越誠司

【お知らせ】

社会人大学院に関する研究会の会員を募集しています。特に社会人大学院に関する有用な情報を得たい、意欲的な方々とネットワークを築きたい、あるいは議論した内容の共著者（分担執筆者）になってみたい方は、是非ご検討ください。CAMPFIREのコミュニティで「働きながら社会人大学院で学ぶ研究会」と検索していただければ、趣旨をご覧いただけます。

現在、クラウドファンディングで支援者になっていただいた方など、約30名の会員がおりますが、議論を活性化するためにも、様々な分野の方の参加をお待ちしております。

【詳しくはコチラ】

https://community.camp-fire.jp/projects/view/679063

もくじ ／ 学び直しで「リモート博士」

第6章

社会人が博士論文を書くための知恵・・・・87

第7章

社会人が博士号を取得するインセンティブ・111

第1章

はじめに

本書は、社会人が博士号を取得することを提言する内容になっています。簡単なことではありませんが、学び直しの一環で非常に使い道のある制度が大学院の博士課程です。博士号取得のプロセスを通じて、圧倒的な強みを確立する、そして他者と自分の居場所をズラして生きることができます。競争ではありません。

私は新自由主義者ではないので、競争が善だとは思っていません。それはビジネスの世界でも学術の世界でも同じです。競争をする技術やノウハウを学び実践するのではなく、自分だけのオンリーワンの分野を確立し、他者と協働するというのが目標です。

その点、博士号を「道しるべ」とするのが便利だと思うので、みなさんに推奨したいと思いました。焦らずに、まずは10年計画で考えてみてください。事業計画でいえば、長期事業計画です。そんなに時間がかかるのと思うかもしれませんが、天才であれば短期間で可能でしょう。しかし、仕事を継続しながら平凡な社会人がと考えたときには、10年という期間を設定しておきたいと思いました。

54歳で博士（法学）を取得した私であれば、次は65歳で博士（情報学）を目標にすると思います。サイバー保険というのがあるのですが、その理解には情報セキュリティに関する知識が必要で、研究室における実験を通じて本質を理解したくなりました。

先日、国家資格のＩＴパスポート試験に合格しました。次は情報セキュリティマネジメント試験、基本情報技術者試験も受けようと思います。数学も学び直しで中学数学が終わり、今は高校数学で、その後は大学数学も必要です。もちろん、プログラミングも学んでいます。その辺の基礎知識を得てから博士課程に進学するということかもしれません。日々の業務をしながら、そのようなことをしていれば、10年などあっという間に過ぎていきます。

また、修士号と比べると、博士号は格段に難易度が高いと思います。修士論文の審査が通らなかったという話は、ほとんど聞いたことがありません。知人に指導教授と仲が悪くなり、退学したという人がいましたが、そのようなことがなければ通るでしょう。一方、文系の博士の場合は、満期退学で博士号を取れないことは多いと思います。そこは、後で失望しないために覚えておくべきポイントです。

私の修士論文は７万字です。博士論文は30万字になりました。分量だけが問題ならまだしも、自分で自分の論文を評価しても、内容は博士論文の方が10倍深いと思われます。参考にした国内外の文献および論文の数も格段に違いますが、何度も論の展開を修正していきます。自分で論理的に考え抜いて、辻褄が合うような記述を、修士論文の10倍の注意を払って行いました。

それでも、社会人の方々に言いたいのは、あきらめることはないということです。平凡なサラリーマンの私ができたのですから。とにかく日々の業務に絡めて、自分しか経験していない分野でコツコツと論文を書き続けてみてください。しかも小刻みに論文投稿を継続していくというのがコツです。いずれ博士論文は出来上がります。

論文投稿については、いくつか方法があります。一つは自分の専門分野に合致する学会に入会することです。私の場合は、日本保険学会でした。学問は驚くくらい細分化されているので、いろいろな学会が存在しています。自分に合う学会を探してみてください。そして、そこの機関誌へ投稿します。難易度は高いですが、これが正攻法です。また、それ以外に学術誌もありますので確認してみてください。

もう一つは商業誌に論文投稿する方法です。学会誌や学術誌よりもハードルが低いですが、自分の論文を売り込むという営業活動が必要です。編集部も多くの人に読まれる論文を探していますので、良質で、多くの人に役立つ内容の論文である必要があります。学術的水準は高くなくても、わかりやすさが求められるでしょう。私の場合は、「ビジネス法務」や休刊になってしまいましたが、「Business Law Journal」という雑誌に投稿させていただきました。ぜひ、ご自分の専門性が発揮できる雑誌を探してみてください。

本書は、博士号を中心に書きましたので、修士号はあまり想定していません。ただし、本書の中でも述べているように、博士号の前段階に修士号があるので、修士課程を目指されている方にも参考になると思います。修士課程へ進学する方は、ぜひ最初から博士号も視野に入れておかれることをお勧めします。論文の構成や質、理論の展開のうまさもそれによって上がると思います。

また、本書はあえて「文系を中心にした内容」としました。理系の大学院で学んだことがないので断言できませんが、課程博士や論文博士の実績を調べると、博士号の取得に関して明らかに文系の方が難しいようです。もしかしたら博士（医学）が最も容易かもしれないということも、大鐘稔彦『私が足の裏の飯粒を取らなかった理由』（アートヴィレッジ、２０２１年）などを読んで知りました。

本書は、私自身の体験談も含め、できるだけ普遍化・抽象化できるように構成しました。そして、博士号を取得する目的、失敗談、進学した経緯、博士課程のあり方、論文の書き方、博士号の必要性やその社会的背景など、かなり幅広い内容となりました。

一つの結論は、多くの社会人が大学院の博士課程まで進んで、リカレント教育の一環として博士号を目指すことで、比較的豊かな人生が待っているということになります。ここにいう豊かな人生というのは、金銭的なことではありません。比較的自由を手に入れることができるという意味での豊かな人生になります。すなわち、人生の選択の幅が広がります。経済的に豊かになるかどうかは、副次的効果に過ぎません。

そして、博士号の取得によって得られるもう一つの結論に、自分は何もわかっていない、ということを理解できることにあります。まるで、ソクラテスの「無知の知」のようですが、そこにたどり着ければある意味で十分価値があったといえます。なぜなら、博士号取得後にも学びが続くことになるからです。

前置きはこの程度にしておき、実際に各論に入っていきましょう。本書は一般書なので、学術書のような形式的要件は満たしていません。ただ、できるだけ客観的に記述したつもりです。著者だけの独り言でしかないと思われないようには配慮いたしました。読み進めていただき、評価いただければ幸いです。

第2章

社会人がなぜ博士論文を書くのか

子どもの教育費を使い込んだ父親

２０２３年３月７日、神戸大学大学院法学研究科博士課程後期課程修了者が発表されましたが、私は３月16日まで気がつきませんでした。翌週には学位記授与式が開催されるので、大学院の教務グループに問い合わせたところ、大学のイントラネットですでにお知らせが配信されているとのこと。あわてて確認したら自分の学籍番号が掲載されており合格を知ったという、何とも感動のない結末となりました。

ちょうど長男が大学受験で、長女が高校受験の時期と重なりました。二人とも第一志望の学校に合格して、あわただしい日々が過ぎており、自分自身の博士論文の合否に神経がまわりませんでした。二人の子どもが合格で、大とりのお父さんが不合格というのはまずかったわけですが、おかげさまですべてハッピーエンドとなりました。しかもこれ以上、子どもの教育費を親が使い込むわけにはいかなかったので、ちょうどよいタイミングでもありました。

このような状況で博士（法学）の学位が授与されることになりました。論文題目は「先端的D&O保険の実効性と限界」です。D&O保険というのは、Directors and Officers Liability Insurance の略語で、会社役員賠償責任保険のことになります。会社の役員が株主や第三者から損害賠償請求等された場合に、役員が負担する防御費用や賠償金を補償するもので、かなり特殊な保険になります。

振り返ってみると、博士論文の一部の章になる部分を書きはじめてから8年が経過していました。とても長い年月が過ぎており、大変な道のりに感じるかもしれませんが、誰もが楽しみながらゴールを目指せるものだと思います。

ですからあきらめないで欲しいと思います。「どうせ私は」とか、「どうせできるわけがない」という、この「どうせ」という考えは捨てた方がいいでしょう。常に自分に限界を設けてしまう言葉になります。博士号の取得を決めるのは自分自身です。もちろん、審査する教員はいますが。

10秒で博士号の本質を説明してくださいといわれれば、次のとおり述べます。

① 文系の博士号は想定以上にハードルが高い

② ただし、楽しみながら目標に向かえば誰でも実現できる

今回、社会人が文系の博士号を取得するための考え方や、論文の書き方、題材の集め方、研究の方法について、これから挑戦したいと思う方のために記述していこうと思います。そして、結論を先取りするなら、博士号取得の技術的なコツは次の3点に集約されます。

① 自分だけが経験したオンリーワンの分野を論文のテーマとする

② 継続的に論文発表し、それを日々の業務に活用する

③ 自分の論文を審査してくれる教授をみつける

もちろん、この技術的なコツ以外に、やる気の問題、家族の問題、金銭的な問題、そして、みなさんにそのご縁があるかということも大切です。しかし、どれもその時がくれば問題はクリアされると思う前向き思考も重要です。悲壮感漂うことなく、淡々とやってみる。気負うことなく、博士論文の作成を毎日の日課にしてみてください。

また、そもそも博士号とはどのようなものかということも、世界的な高等教育のあり方の視点で私の考えも整理します。そして、後で博士号を含めた大学院のあり方に関する提言もしたいと思います。特に、日本の高等教育について危機意識もあるので、その点でも少し述べさせていただきます。いずれにしても、多くの方に博士号を自分の人生にどのように位置づけるかということの参考になればと考えています。

平凡な社会人が博士号に挑戦する

私のバックグラウンドですが、金融業での実務経験が長い普通のビジネスマンになります。大学卒業は１９９１年で、バブル崩壊の直前というタイミングです。就職するのには良い時期ではありましたが、学問の面白さに気づき、そのまま大学院に行っています。修士号を取得した後は、民間企業に就職しており、実際に社会人になったのは１９９３年です。

１９９３年前後はどのような時代だったのでしょうか。入社した損保会社の新卒採用人数に、当時の経済状況が端的に現れています。私の同期入社の総合職は90名でした。その前の年は１３０名で、私の次の年は30名という状況です。私は、バブル崩壊後のギリギリのところで滑り込み、社会人になれたということかもしれません。

その後、20代は営業職として働きますが、優秀な営業マンということでもありません。秀逸な営業成績を上げたということでもなく、表彰されるようなこともありませんでした。ただ、損保業界の新入社員が受講する、損害保険講座という教育プログラムで全国第２位を受賞しており、論文提出などの課題があったので、これは大学院教育を受けたことの恩恵だと思います。

次に30代では外資系損保会社や保険仲介、金融サービス業の管理部門も経験しましたが、いずれにしても損害保険に関する業務に一貫して従事してきました。ただ、いたって普通のサラリーマンであるということは前述のとおりです。

ですから読者の多数派の方々、おそらく飛び抜けて優秀な業績を残したという方でなくても本書は十分参考にしていただける内容だと思います。

また、学業に関しても小学校と中学校では、いつも真ん中あたりをフラフラしていましたので優秀とはいえません。高校は札幌市西区の普通科ナンバーワンです。でも、西区に一校しかないので当たり前です。自宅から歩いていける高校で、山を削って建てたような校舎で学びました。育った地域は１９７２年札幌オリンピックで有名な手稲山のふもとで、自然には恵まれています。今は大都市といえどもクマがでるような田舎です。

大学も国立理系をあきらめ、高校３年生で私立文系に切り替えて、何とか滑り込みセーフでした。大学院に関しては学部の成績が良ければ推薦による進学が可能でしたが、成績は良くなかったので英語と民法・商法が試験科目の一般入試での進学でした。

このように特殊な能力があるわけでもなく、秀逸な実績を残したわけでもないのですが、ポイントは、博士論文に対する考え方や姿勢です。あとは、多くの、そして小さな失敗を経験すれば、すなわち、多くの、そして小さな挑戦を積み重ねていけば、いつの間にかゴールにたどり着いているというのが、私がお伝えしたいことの本質です。

本来なら誰もが念じた瞬間に夢が実現している世界が理想ですが、この三次元の世界では、通過しなければならない道のりや障害は多くあります。それらを淡々と経験して、さらに楽しんでいけば、意外にゴールは遠くないと思います。

平凡な社会人の私が言うのですから間違いありません。どのような方でも、日々の仕事でその人だけの経験やテーマがあります。それが論文題目になります。それを見つけて、とにかく失敗を繰り返しながら、研究素材を積み上げていく。こんなことで博士論文の道のりは自然に見えてくるものです。

ただ、詐欺だといわれないために、最初の段階で申し上げておきたいと思います。博士号を取得したからといって劇的に人生が変わるわけではありません。見える世界が変わるわけでもなく、何の変哲もない日常が続きます。

学位記授与式の後、時間があったので一緒に式に同行してくれた長女と六甲ケーブルに乗りました。六甲ケーブル下駅から六甲ケーブル山上駅まで登るものの、あいにくの天気で視界不良です。

これが象徴的な出来事なのですが、博士号を取得して、さらに高みを目指すものの、五里霧中ということです。すなわち、博士号があるから突然人生が良い方向へ変わるということでもなく、自分の目の前が急に開けて幸せを感じるということでもありません。また、所得が倍増するなどということもない点、念を押しておこうと思います。

それでも挑戦したことは良かったと思っています。そのような挑戦が人それぞれに、その人のあり方次第で価値があるのは間違いありません。

そして、自分への鼓舞も含めていいますが、博士号はゴールではありません。スタートにすることがより大切です。そのような人が「本物」だと思います。

社会人で博士号を取得している人も徐々に増えていますが、博士号をスタートにしている「本物」を見分ける方法があります。国立国会図書館の所蔵資料の検索システムで、その人が博士論文を執筆した後に、どれだけ知見を社会に還元するために論文を書いているか調べてみてください。博士論文の後に論文を何本も発表している人が、私は「本物」だと思います。自分もそうなるように精進しなければなりません。

社会からいただいた貴重な経験を、世間にお返ししていくと考えるとよいと思います。お金や時間、そして知識はエネルギーです。それを受け取れた人は、そのエネルギーを社会に循環するように行動していかなければならないのだと思います。

博士論文を書きはじめた発端

私は、博士論文を書く前に、何本か論文を書いていました。幸運であったのは、自分の専門分野の内容を掲載できる雑誌がいくつかあったことです。公益財団法人損害保険事業総合研究所の機関紙「損害保険研究」や、公益社団法人商事法務研究会の機関紙「旬刊商事法務」に投稿する機会を得ることができました。これは自分の力になりました。

「損害保険研究」は、日本で唯一の損害保険に関する専門誌です。また、「旬刊商事法務」

は、商事法を研究している人であれば誰もが知る専門誌で、執筆者の一人になれたことはとても名誉なことでした。どちらも歴史と伝統のある格式の高い専門誌です。もしみなさんの専門分野に合う専門誌があれば、どんどん投稿してみることをお勧めします。

このような専門誌に自分の論文を投稿する機会を得て、博士課程に入学する前には、30本近い論文を執筆することができていました。そのたびに、編集部からいろいろな指摘や助言をいただき、ときには審査員の厳しいコメントを受け止めながら、自分の論文の質を上げる機会となりました。そして、「場」になれることで、論文執筆のハードルが徐々に下がってくることを実感できたのです。

ただ、当初は博士論文を意識していませんでした。およそ一本につき、1万5000字から2万字の論文の実績が積み上がってきたとき、これはこのまま博士論文にまとめていけば、それなりのものができるのではないかと思い始めたわけです。

一つの章が2万字として、10章作成することで、20万字の論文ができると思ったのです。そしてある時から、論文を一本書くときに、博士論文を意識して書くようになりました。ここまでたどり着くと、かなり筋書きが見えてくるはずです。

よって、どんなに小さな論文でもいいので、紙媒体の専門誌に投稿することから始めてみてください。そのハードルが高ければ、ブログでも結構です。人に読まれるかもしれないという緊張感のおかげで、自分自身の中で規範意識が働き、文章が上質なものになると思います。あるいは、セミナーの講師をする機会があれば、論文を意識した丁寧なレジュメを作成することでもよいでしょう。参考文献もふんだんに引用した資料を作ってみるのも良いと思います。

そして、小刻みに作成した複数の論文は、会社において次の担当者への業務引継書になるかもしれません。あるいは取引先へのコンサルティングに使えるでしょう。博士論文の執筆を通じて、自分の専門分野の深化が実現でき、自分の仕事は高度化されてくると思います。満足いくサービスを提供できるようになるし、コミュニケーションも高度なものとなります。博士論文執筆の効用は計り知れません。

論文を書くためのインセンティブ

論文を書く前には、先行研究を調べる時間も必要で、書いている時もいろいろ試行錯誤し、書き直したり、構成を考えたり、最後には校正作業もあったりと、多くの時間が取られます。仕事をしながら、なぜそのようなことをするのか、無駄ではないのかという考えもあるでしょう。

私の場合の強烈なインセンティブは、自分のやっている業務を「まっとうな仕事」にしたいというものでした。この「まっとうな仕事」という表現に強い思い入れがあります。

ある時、子どもの家庭の経済的な格差が、教育を受ける機会の格差につながるということを論じた書籍を読む機会がありました。そして、次のような記述に出会います。それは、貧富の差に関係なく、あらゆる子どもが教育を受けて「まっとうな仕事」を得られるようにすべきというものでした。何かこの表現に違和感があったのですが、それが何かに気がつきました。

この「まっとうな仕事」の表現の裏には、「まっとうでない仕事」があるということになります。職業に貴賤はありませんので、どんな仕事もまっとうなはずです。高等教育受けたり、資格を取得したりしなければできない仕事もありますが、そうでなくても就ける職業はいくらでもあります。そして、それらは、すべて「まっとうな仕事」です。

私がこの「まっとうな」という表現を使うなら、自分のまっとうでない仕事を、まっとうな仕事に変えるという時にだけ、この言葉を使いたいと思ったのです。ちょっと難解な説明になったかもしれませんが、少し具体的に説明しましょう。

たとえば、私は金融業に長く勤めています。目に見えない金融商品を販売するには、金融商品に関する説明がとても大切です。これがうまくできる人と、そうでない人では成果が異なります。

しかし、１９９０年代後半から、ビジネスの世界でも普通にワードやパワーポイント、エクセルといったツールが活用されるようになりました。これは、金融商品を売る側の助けになりました。特に、パワーポイントは、事前に資料を作成しておけば、金融商品の深い理解がなくても、容易に説明できる道具になったのです。

言い方はよくないですが、「紙芝居」でビジネスができるようになったということです。もちろん、紙芝居も立派な仕事であることを補足いたします。しかし金融の世界で、商品の中身を深く理解せずに、簡便に相手を説得できるツールができたことで、どうも自分の金融商品に関する理解が浅くなったように感じたわけです。いいかげんでも、難しい商品を売れるようになりました。

しかし、洞察力のある顧客は、ときに、金融商品の矛盾を突いた、鋭い質問をしてくることがあります。この時、正確に回答でき、顧客を説得できるのが「まっとうな仕事」で、曖昧な回答でごまかしながら、逃げ切るのが「まっとうでない仕事」となるわけです。このごまかしながら逃げ切るというのは、金融の専門家と顧客の間でよく見られる光景です。ここを徹底的に改善して、自分の仕事を「まっとうな仕事」にしたいと思ったわけです。

論文執筆で「まっとうな仕事」にする

それでは、自分の仕事においてどのように論文を活用したのか一例をご紹介します。私が外資系損保会社で保険引受業務をしていたとき、顧客企業に保険商品を販売してくれる保険代理店や保険ブローカーなどの保険仲介者から毎日のように業務照会がありました。ときには複雑で難解な質問もあるわけですが、その都度、一から説明するのは大変な負担が生じます。

そこで、簡単な説明をした後に、自分の論文でヒントや答えになりそうな箇所を示して読んでもらうわけです。論文ですから脚注に、参考になる他の文献などの情報はたくさんあります。さらに詳しく知りたい人は、その文献に当たればより深く理解できるわけです。

このように、自分で書いた論文を活用して、業務の効率化が図れます。さらに著名な専門誌に掲載された論文であれば、信用や評判も上がります。激烈な営業活動をすると、莫大なエネルギーを消費しますし、今の時代はプッシュ型の営業よりも、プル型営業の方が好まれることもあります。そういう意味では、論文を活用した営業やマーケティング活動は、他者がやっていないだけに、保険仲介者からは好評を得たと思います。

これは私が属している業界における論文の使い道の一つなわけですが、どのような業界でも、日々の業務に論文を取り込むことは可能だと思います。一度みなさんが属している業界での活用法を検討してみていただければと思います。

いずれにしても、自分の仕事をまっとうな仕事にしていくということは、自分の業務の質をより高みに上げていくことになります。このような時、論文執筆の果たす役割は非常に大きいと思います。論文は理論的な思考が必須ですし、情報の出所は脚注において引用元を明示する必要があります。説得力を増すために面倒な作業をコツコツ積み上げていきますので、途中で理論的な矛盾が出てくれば自分でも気づきます。だんだん自分の中で妥協できなくなりますが、それを一つずつ克服することで、顧客からの信頼も厚くなってきます。このような論文の使い道は一例ですが、みなさんそれぞれの活用法があると思いますので、ぜひ検討してみてください。

第3章

「論文博士」に挑戦して大失敗する

論文博士という裏技に挑戦してみる

「まっとうな仕事」にするため、専門誌に論文を投稿し、最終的に博士論文として構成していくというのは、自分でもストーリーとしてうまい話だと思います。しかし、道のりは平坦ではありません。

私は、2018年に一度だけ論文博士に挑戦しています。博士課程に入学する2年前ですが、これが失敗でした。後で詳しく説明しますが、私の論文博士の結果はうまくいきませんでした。

まず、論文博士とは何かということから説明します。博士号には二種類あるのをご存じでしょうか。学校教育法104条3項に基づいて、大学院の博士課程を修了することによって取得する博士号を課程博士といい、同第4項に基づいて大学院への在籍とは関係なく、論文の提出のみによって取得する博士号を論文博士といいます。該当条文は次のとおりです。

第１０４条
第３項
大学院を置く大学は、文部科学大臣の定めるところにより、大学院（専門職大学院を除く。）の課程を修了した者に対し修士又は博士の学位を、専門職大学院の課程を修了した者に対し文部科学大臣の定める学位を授与するものとする。
第４項
大学院を置く大学は、文部科学大臣の定めるところにより、前項の規定により博士の学位を授与された者と同等以上の学力があると認める者に対し、博士の学位を授与することができる。

第４項において、単に「博士の学位を授与された者と同等以上の学力があると認める者」であれば、博士の学位が授与されるとあります。大学院に行かなければならないとも、そこを修了しなければならないともいっていません。よって、博士と同等の実力があれば、大学院に行かずに博士号が取得できるということです。

さらに、本条からわかるように学歴不問の制度です。学士号や修士号の取得は要件になっていませんし、高校卒業すら要件になっていません。まさに実力勝負の世界です。ただし、各大学には論文博士に関する条件が設けられているので、その必要条件は満たしていないといけません。

たとえば、東京大学大学院教育学研究科の「学位申請者（論文博士）のための手引き」が開示されているので参照してみると、東京大学学位規則に次のようにあります。

> （学位の授与）
> 第2条　本学において授与する学位は、学士、修士、博士及び専門職学位とする。
> 2　学士の学位は、本学の学部を卒業した者に授与する。
> 3　修士の学位、博士の学位又は専門職学位は、本学大学院の課程を修了した者に授与する。
> 4　博士の学位は、本学大学院の博士課程を経ない者であっても、論文を提出してその審査及び試験に合格し、かつ、専攻学術に関し本学大学院の博士課程の教育課程を終えて学位を授与される者と同様に広い学識を有することを確認（以下「学力の確認」という。）された場合には、授与することができる。

第4項を読めばわかるとおり、博士課程の修了は要件とされていません。しかし、学力の確認は必要とされていますので、厳格な審査はあります。そのための手続き的な要件もあるので、論文博士に挑戦する方は、論文提出する大学に確認する必要はあります。

このような論文博士という制度が存在するのですが、私が知る限り文系でこの制度を利用し成功されている方は多くいません。それだけ難易度が高いということです。

すぐに思いつくのは、百貨店のそごうの会長であった水島廣雄氏です。日本興業銀行勤務時代に「浮動担保の研究」という論文を書き、41歳の時に中央大学から法学博士号を授与されています。元祖社会人論文博士といえる方でしょう。ビジネスマンでありながら、東洋大学教授も務め、母校の中央大学でも講義をしています。

私も学生時代に「特殊担保法」や「銀行および信託法」など、水島氏の残した講座を受講しましたが、その時代にはすでに退職されていたので、そのお弟子さんに教わりました。

ただ、水島氏のような超人が論文博士を取れることはあっても、普通の社会人が挑戦するのは、かなりハードルが高いようです。それでもダメ元で挑戦する、あるいは活用してみるというのは一考の価値があります。自分の経験からもお勧めできます。

課程博士と異なる論文博士の水準

理系の世界では、論文博士のことを「お金で学位を買う」ということがあるようです。企業の研究職の方が、産学協同の過程で、提携先の大学の論文博士制度を使うからかもしれません。たしかに、数十万円の審査料は支払うので、お金で学位を買っているようにみえます。

しかし、文系の世界は明らかに違います。私の感覚では、論文博士のほうが2倍から3倍は難易度が高いと感じます。それは、２０１８年に論文博士制度を利用しようと、いろいろな方に相談させていただいた経緯からわかったことです。

まず、ある商事法の重鎮といわれる方にアドバイスをもらったとき、課程博士とは異なり、論文博士は格段に難易度が増すことを指摘されました。当然のことながら、内外の先行業績の紹介はもれなくされていることにとどまらず、従来のアプローチとは異なる新しい角度からの分析・解明が説得的に展開されていることが必要であり、当該学問分野の従来の研究水準を格段に前進させるものと評価されなければならないということでした。

そして、もしそのような論文として判断される場合は、そう評価した先生が主査となり、博士論文審査委員会によって、5名の審査委員が選任されます。その中には、当該分野が専門の教授のほかに、大所高所から意見を述べる専門分野の教授が一人審査委員に入ることもあるそうです。

これを聞いただけでひるんでしまいます。また、これらのことは各大学院の規則などに明文化されているわけではなく、形式上は課程博士も論文博士も同じ「博士」のはずです。にもかかわらず、どこの大学でも不文律があるのか、過去からの申し送り事項なのか、求められる論文の水準は、論文博士のほうがはるかに高いことになります。

よって、理系における論文博士の「お金で学位を買う」というのは、文系にはあてはまらず、むしろ大学院に進学し、学費を支払ってお金で学位を買うのは課程博士の方になるともいえます。

論文博士の挑戦には意味がある

課程博士より論文博士の方が格段に高いものが要求されることがわかりましたが、それでも審査してくれる大学院を探しました。自分の専門分野から審査してくれそうな教員を探し、何人かに問い合わせてみたのです。

H大学のB教授は、学内でいろいろ動いていただき、調整を試みてくれたようですが、結果は不可でした。審査の入口にすらたどり着けません。

B教授が言うには、大学院で文系の博士課程を修了した場合でも、課程博士の博士号を取得することは大変困難であり、論文博士を授与した例はほとんどないということでした。近年、文部科学省の指導で、留学生に対して博士号授与の基準はやや緩められましたが、それでも難しいということです。そこには、文部科学省の指導という客観的とはいえない影響もあるようなので、さらに面倒です。

また、J大学のA教授からは、J大学では論文博士を受け付けていないということ。自身の出身大学に相談してみてはどうかとアドバイスされました。

このように、基本的によほどのことがない限り、論文博士の取得は難しいどころか、審査すらしてくれないわけです。

それでも、論文博士の挑戦には価値があるのは、自分の博士論文の水準をより高いところに設定することになるからです。課程博士による論文よりもより高度なものを書こうと目標を設定すると、自分の論文の質を向上させるインセンティブが働くことにもなります。

そして、仮に審査を受け付けてくれない、あるいは、審査の結果不合格ということでも、いったん博士論文を書き上げているということは、それなりに自分の中の思考実験が一定のレベルで完了していることになります。これはその後の展開において、自分に有利に働きます。

もし課程博士に進まざるを得ないということになっても、いったん完成した論文をドラフトとして大学院に進学するのと、まったくゼロから大学院に飛び込むのとでは、明らかに違います。そういう意味で、まずは社会人の方に論文博士をお勧めします。一見、迂遠なようで遠回りにみえるかもしれませんが、実はそのほうが近道になります。

その証左として私のケースでは、論文のドラフトがあったおかげで、２０２１年に博士課程に入学し、２０２３年に修了することができています。通常３年の課程を２年で修了できたというのは大きなメリットです。もちろん、学費も1年分節約できました。

そして、私がもっと重要だと思った点は別のところにあります。博士課程といえども授業があります。私の場合、2年間で3講義受講しましたが、この授業に集中できたということが大きいです。仕事をしながら授業を受けて、レジュメの作成や発表に時間を割くのは、それなりに苦労します。しかし、博士論文はある程度できているので、隙間時間などで書き進めることができます。そのおかげで、3講義の授業にかなり時間を割くことができました。

ちなみに、博士課程の修了要件は3年間で2講義を受講することですが、せっかくなので3講義、あるいは3年在学するのではあれば、4講義程度受講することで、自分の知見も広がると思います。

私が受講したのは、「法政策特殊講義（労働・社会保障法政策論）」「法政策特殊講義（金融商品取引法）」、そして「実定法特殊講義（商法）」です。一つの講義は半年15回あります。論文指導だけでなく、これらの授業の準備に十分な時間を割けたのは、私にとって大学院進学の価値を大きく高めてくれました。

ですから極論するのであれば、博士課程に進学する前に、博士論文はある程度書き上げておくというのが成功のカギになると思います。よって、社会人の方で、修士から博士に進学するという方の場合、すぐに博士課程に進学する方法もありますが、あえて修士と博士の間に時間を置くというのもありだと思います。焦る気持ちも理解できますが、良質な論文を書き上げること、大学院在学期間の研究を充実させることなどを考え合わせると、博士課程進学の前の準備として論文博士制度を活用するのは一つの選択肢です。

論文博士を活用する意外なメリット

論文博士制度について意外なメリットがみえてきたと思います。そして、私は前述のA教授のアドバイスのとおり、自分の出身大学院である、東洋大学大学院法学研究科に博士論文の審査をお願いしてみることにしました。

東洋大学に提出した書類は次のとおりです。その他、提出書類はありましたが、自分に該当しなかったものは省略いたします。

（１）学位請求論文５部およびＰＤＦデータ１部
（２）学位請求書
（３）履歴書・業績書
（４）学位請求論文要旨５部
（５）博士論文の公表について
（６）受領書（大学が申請書類を受領したときに本人に交付する書類）
（７）最終学歴の証明書１部
（８）博士学位論文審査料（予備審査料２万円）

ここで審査料2万円とありますが、予備審査の後、本審査に進んだ場合は、本審査料が20万円ということでした。

この中で重要と思われるのは、学位請求論文であるのは当然ですが、履歴書・業績書の中の項目にあった「博士論文提出要件」だと思います。そこでは、著書や論文で最低限満たしておかなければならない水準があるようでした。これは各大学によっても、学内で審査をする執行部のメンバーによっても違うのかもしれません。

私の場合、前述のとおり大小合わせて30本近い論文があったので、自信作を記載しておき予備審査をしていただくことにしました。これは人によって記載すべき論文が異なると思われますので、どのように要件を満たすべきなのか各大学に確認しておくしかないと思います。

このように博士論文の作成や、学位申請書類の作成にいろいろ時間を費やすことになりますが、その過程で学べることは多かったです。

そして、そのような努力をしたにもかかわらず、結果は予備審査の段階で、本審査に進むことができずに、学位申請は、私の方から取消しすることになりました。理由は、法解釈という観点において不十分であること、約款に関する基礎理論あるいは約款論に関する考察・検討が不十分であること、アメリカの裁判例の記述・検討も不十分であることです。

これらの指摘は、私の論文の弱点を見出すのに有用でした。もちろん、失望感も大きいのですが、客観的に自分の弱点を突かれるという経験は役立ちます。人によっては自尊心を傷つけられたと思う人もいるかもしれません。しかし日々の論文投稿でも、専門誌に掲載する前に審査員から指摘される事項や、査読論文で査読者から返される意地悪なコメントにも平気でいられる図太い神経も必要です。そう考えると、論文博士への挑戦は、課程博士に進学する前のプロセスとして活用価値がある取組みであったと思います。

もちろん、論文博士の結果については正直がっかりでした。自分の子どもたちにも「お父さんの博士論文は不合格だった。バツだった」と説明しました。「バツー！」と何度も強調しました。余計な話ですが、子どもたちには失敗を恐れないで、人生で挑戦の数を積み重ねて欲しいと思ったからです。

そして、これは読者のみなさんとも共有したい重要なポイントです。失敗することで、その痛みから次の展開がみえてきます。お勉強してわかったつもりになるのもいいですが、実際に痛い目にあう方が格段に物事の本質を学べます。ですから何もせずに過ごすくらいなら、失敗するために動いてみる、やってみる、試してみるということが大切です。そのことを子どもたちにも示したかったという意味で、論文博士の大失敗は無駄ではありませんでした。

論文博士制度は廃止されるのか

この論文博士制度については、２００５年６月13日、文部科学省の中央審議会の総会の大学院改革に関する中間報告『新時代の大学院教育 ―国際的に魅力ある大学院教育の構築に向けて―』の中で、「論文博士の在り方の検討」という箇所があり、次のような趣旨の議論がみられます。

今後、制度面を含めてわが国の学位の国際的な通用性、信頼性を確保していくことが極めて重要となってきていることなどを考慮すると、諸外国の学位制度と比較してわが国独特の論文博士については、将来的に廃止する方向で検討すべきという意見があるそうです。

そして、論文博士については、戦前の博士号のイメージを引きずった碩学泰斗の者、企業の技術者等がその研究経験と成果を基に学位を取得した者、教育研究上の理由等により、標準修業年限内に学位取得に至らなかった者が、その後の論文審査に合格して学位を取得した者、といった性格の異なるタイプの者が混在しており、今後、そのあり方については再検討すべきということのようです。

しかし、ここで諸外国と比較してわが国の制度は異質なので廃止すべきという主張ですが、この諸外国はどこを指しているのでしょうか。この点、諸外国の制度は普遍化できるほど均質ではありません。おそらくアメリカの制度および英語圏の高等教育を指して、それらと一緒の制度にすべきということなのでしょうが、ドイツやフランスの高等教育は、特殊な発展を遂げており、かなり異なります。むしろ、ドイツやフランスの制度は、日本の論文博士に類似しています。

たとえば、ドイツと日本の学術交流を促す組織である、ドイツ科学・イノベーションフォーラム東京の説明によると、ドイツにおける博士号の取得方法には二種類あります。

① 指導教授のもとで個人的に博士論文を執筆する方法

② 博士課程に入学し博士号を取得する方法

しかも、①の方法が一般的ということです。そして、どちらも3年から5年かけて博士論文を完成させて学位をとることになります。私は仕事柄、ドイツの再保険会社の人と会うことが多かったのですが、名刺交換すると博士号取得者が多いことに気がつきました。なぜだろうと思っていましたが、このような制度的な背景があることを知りました。

フランスも同じように、論文博士と類似の制度が存在します。フランスの政府留学局のCampus Franceによると、フランスには課程博士は存在していません。そこで、博士号を取得しようと思う者は、まず自分で論文テーマを定め、そのテーマを評価できる審査員をみつけます。次に、その審査員の所属する大学の承認を得ます。そして、承認されると年間登録料の３８０ユーロを支払います。日本円で5万円程度でしょうか。博士論文の執筆期間は、３年から6年のようです。これなどは、まさしく日本の論文博士制度であり、しかも費用が安価です。

このようなヨーロッパの事情を知ると、日本の高等教育はあまりにも高額であることが理解できます。アメリカしかみていないと気がつきませんが、世界にはより安価で合理的な質の高い高等教育制度があるわけです。なぜそれに目をつむって、アメリカを追いかけるのでしょうか。日本では高等教育もビジネスになってしまいました。本来は未来への投資であり、国をあげて支援すべきことのように思います。中央審議会の中間報告にある提言は、かなり残念な内容だと思いました。

第4章

社会人が大学院の博士課程へ進学する

大失敗の博士論文で奇跡が起きる

２０１８年に博士論文を提出し、２０１９年２月の論文博士の結果を受けて、いったん博士号は断念いたしました。しばらく自分の中で動きはなかったと思います。もうあきらめようかと思いました。

博士号について一つのネガティブなポイントは、博士号がないと就けない職業はそんなにないということです。極論するならそんな仕事は世の中に存在しません。大学教授でさえ、特に文系の場合、博士号を取得していない人が多いです。そうすると、自分の中のモチベーションが持続しづらいということがあります。

そこで、少しでも自分のモチベーションを維持し、自分の研究成果を世の中に還元できればと思い、２０１９年５月に論文博士として執筆していた原稿を、保険毎日新聞社にお願いして書籍化してもらうことにしました。当初は博士論文として書籍化しようと準備していたのですが、結果として論文博士が不可だったため、単なる書籍として出版することになりました。

実は専門書の書籍化というのは、非常に難しい時代になっています。本が売れないということと、一般書と違い、読者層が限られているので、売上が見込めないという問題があります。ある意味で、博士号と同じくらい本の出版はハードルが高いと思います。出版社10社に打診して全滅などというのは当たり前の話です。20社でも30社でも相談してみてください。かなりの確率で良い回答が得られません。

しかし、保険業界向けに出版業を営んでいる、保険毎日新聞社では、当時D&O保険の書籍の出版を計画していたらしく、私からの相談がちょうどよいタイミングだったわけです。そのような幸運もあり、書籍化が実現しました。これはかなり奇跡的でした。また、自分の書籍が出版できたのは、かなり自分のやる気を刺激してくれました。

そのようなことをしながら、少しずつ論文博士の失敗について心の中で整理をつけていきました。そして、再び課程博士に挑戦しようという気持ちを高めていったわけです。

課程博士にはいくつかハードルがあります。まずは時間の問題です。通常課程博士は3年の修業年限があります。次に費用の問題です。当然大学と同じように入学金と授業料が必要です。当初は、3人の子どもがいる身でありながら、今さら社会人大学院はないだろうと思っていました。

しかし理由はわかりませんが、自分の中に挑戦しておくべきだという思いが強くなってきました。そして、何人かの知り合いに相談したというのが、課程博士へ進学しようと決めた経緯になります。

しかも2020年10月には、出版した書籍『先端的D&O保険』（保険毎日新聞社、2019年）が日本保険学会賞（著書の部）を受賞してしまったのです。日本保険学会というのは、わが国における社会科学系の学会として最も伝統があり、かなり格式高い学会です。本来なら研究者が受賞するような賞を、一ビジネスマンが受賞してしまったのです。

そもそも、論文博士で不可となったものですから、どうせダメだろうと思いながら、実はダメ元で自薦していました。日本保険学会賞は、自薦他薦を問いません。これも失敗覚悟の挑戦でしたが、意外な結果をもたらしました。私にとっては自信につながります。「捨てる神あれば拾う神あり」はまさにこのことです。

そして後で詳細は述べますが、論文審査というものは、まさに「お見合い」の要素があると実感した時でした。

社会人の大学院選びの特殊性

論文博士で敗北後、今度は大学院選びになります。社会人の大学院選びはかなり特殊だと思います。とても重要なこととして、大学院選びではなく、指導教授選びだといってもいいのが、社会人博士課程の大学院選びになります。

修士までであれば、それなりに授業数も多いので、自分の居住地あるいは職場から近い大学院を探すと思います。しかし、博士であれば論文指導がメインになり、授業数はかなり減ります。この点で大学院の所在地は、修士ほど気にしなくてもいいと思います。私の場合ですと、週１コマの授業があり、その他に論文指導が入ります。

私の自宅が横浜市なので、首都圏の大学院への進学を考えていました。しかし、２０２０年初めに、新型コロナウイルスの問題がはじまり、ほとんど地理的な制約を外してよい状況になってきました。あらゆることはリモートで行われるようになったわけです。

これは私にとって別の意味でチャンスでした。仕事でさえリモートで遂行できるわけで、博士論文ぐらいリモートでできるだろうと思いましたが、その通りになりました。とにかく思い込みは捨てるというのは、これからの時代に大切な処世術だと思います。人生で当初は想定していないダイナミックな展開が待っていることでしょう。

そして、自分の研究テーマですが、企業分野の保険について、本格的に保険法や保険約款の視点から研究している研究者が少ない分野になります。

自動車保険や傷害保険などは、裁判例や事例も多いので、研究素材が多く、比較的論文も書きやすく、研究対象とされている研究者は多い状況です。しかし、企業保険としてのD&O保険を研究している人は少なく、そもそも企業分野の保険について、保険契約法の観点から研究している方はなかなかみつかりませんでした。裁判例や事例が少ないので、研究対象とするのが難しいのでしょう。

私は論文博士の失敗からある確信がありました。博士論文は、自分の研究テーマに興味を示していただける方、そして当該分野の論文を書かれている方に審査してもらうべきだというものです。そもそも社会人の論文はニッチな特殊性があると思います。基礎研究で幅広い知見というよりも、自分だけのオンリーワン分野です。そのような特殊な分野を審査できる指導教授を探すというのは難しいです。そして、ある意味で「お見合い」というほど、この点は重要だと思います。少しでも研究対象にズレが生じると、議論がかみ合わないことは多いはずです。

たとえば、私の専門は保険契約法で、さらに、家計分野ではなく企業分野です。その企業分野でも、さらに特殊で、火災保険とか自動車保険あるいは傷害保険ではなく、一般の方には馴染みがないＤ＆Ｏ保険になります。

また、単に保険の専門家だろうということで、生命保険のことを質問されても、私にはそれほど適切な答えはできません。もちろん、一般人よりは価値あるコメントはできるでしょうが、それでお金をいただけるほど付加価値の高い何かを提供できるわけではないのです。それだけ、専門特化しているということです。その点で、社会人の大学院選びは、最初に申し上げたように、大学院選びではなく、指導教授選びになるわけです。

法学分野を例に説明しますと、人によっては、著名な大学で、法学研究科があれば大丈夫だろうと思うかもしれません。しかし、民法に強い大学もあれば、商法や金融法に強いというところもあります。あるいは、私法系の研究者よりも公法系の研究者の層が厚いという場合もあるでしょう。あるいは、ときどき国立大学でありますが、法社会学や法哲学などの基礎法学の研究スタッフが充実しているところもあります。

そのような視点で考えると、大学院選びも大切ですが、より指導教授の選択は重要です。極論させてもらうなら、指導教授選びで、博士号の50％は決まると思います。ですから、どこの大学院というよりも、どの指導教授というのが肝になるわけです。

高校生の大学選びとは次元が異なることだけは覚えておいてください。大学選びには偏差値や立地、そしてせいぜい学部と学費、その他試験日と試験科目などがあります。しかし、社会人博士の大学院選びは、指導教授を誰に、というのが最重要で、一択だと思います。その点、パンデミックのおかげで地理的な制約から解放された私は非常に幸運だったわけです。首都圏だけで探していれば限界があったものを、日本全国から探せるメリットがありました。

「ご縁」で決める社会人大学院

博士論文の審査は「お見合い」のようなところがあると言いました。なぜなら、社会人と指導教授の興味の対象が一致していることは、双方にとって重要だからです。みなさん自身に置き換えて考えてみてください。どんなに立派な論文でも自分の興味の対象外であれば理解できないし、読もうという気力も持続しないと思います。その点、研究対象ができるだけ近い指導教授を日本全国から探すことが重要になります。

ただし、博士論文を主査として審査できる教授は各大学で限られています。相応の実績のある方でないと、博士論文の指導ができないことになっています。ですから、修士論文の指導はできるが、博士論文はできない、という教授もいるので、その点確認は必要です。

ある意味で、社会人学生と指導教授の関係は、相互補完であることが理想かもしれません。社会人は現場における研究素材をたくさん持っていますが、理論的・体系的な基礎が不足しています。指導教授は、理論的な基礎は徹底的な訓練を積んでいるので知見が豊富ですが、現場で起きていることを知る機会がありません。仮に知る機会があったとしても、実際に体験することができません。この両者が相互補完できる状況を作ることが大切だと思います。

このような視点で、私の大学院選びが始まりました。最初は、損害保険業界の実務経験があり、研究者に転身された知人に相談しました。そして、いくつか候補を挙げていただきました。その一つに保険法の研究で伝統のある神戸大学が入っていたのです。

神戸大学は官立の商業高等学校でしたし、神戸市は港町で貿易も盛んで、貨物保険などの需要も多かったという経緯も影響しているかもしれません。経営学の研究でも優れている大学でしたので、ビジネスと密接にかかわる保険の研究は、法学に限らず、経営学や商学の観点からも活発だったと思います。

ところが、神戸という街にも神戸大学にも縁がありませんでした。しかし、しばらく考えているとあることに気がつきます。以前、神戸大学の大学院生だった、木村健登さんがご自身のD&O保険に関する論文の抜刷りを送ってくださったことがあったのです。

面識のない方でしたが、私がD&O保険の論文をいくつか書いていたので、それで会社の住所に送ってくれたのだと思います。単なるサラリーマンに論文の抜刷りを送っていただいたことに素直にありがたいと思えたので、丁寧にメールでお礼を書きました。その後、私が損害保険事業総合研究所でセミナーの講師をしたときも、わざわざ神戸から東京まで聴講に来ていただき、研究所の隣のカフェで世間話もさせていただきました。

このような大学院生とのつながりを思い出した私は、すぐに木村さんにメールで連絡しました。この時すでに、木村さんは大学院を修了されており、中央学院大学の講師をされていました。

「木村さんの指導教授は、たしか保険法も専門にされていますよね。私のD&O保険の論文とか審査してくれますかね？」

すると、木村さんはその翌日、偶然開催される神戸大学の商事法研究会の後に、榊素寛教授に確認してくださったのです。しかもニュアンス的に社会人学生の受け入れ余地がありそうという返答だったので、すぐに榊教授にメールで連絡し相談させていただき、その結果、２月に入学試験があるので受けてみてくださいということになりました。

このように、不思議なつながりが自分の道筋を示してくれました。人と人のご縁はどこでつながるかわかりません。これはビジネスの世界だけでなく、学術の世界でも、どの世界でも同じ道理だと思います。あらためて人とのご縁は大切にしたいと思う出来事でした。

社会人博士課程の大学院入試

社会人の博士課程大学院入試については、何か準備やノウハウが必要かというと、特にないと思います。多くの場合、それまで積み重ねてきた実績で評価されるのではないでしょうか。修士課程までは、外国語も含めた実力の評価ということが必要かもしれませんが、博士課程の場合は、それまでの実績で判定できると思います。

別の言い方をするなら、博士課程を受験する前に、十分な実績を作っておくということだと思います。また、業界内での評判も大切でしょう。受け入れる側としても、評判のよくない社会人、あるいは指導が難しいと思われる人を受け入れたくはないでしょう。

業界というのは狭い世界なので、どんなに優秀な人材だとしても、何かネガティブな評判がある場合、受け入れ側が躊躇することもあると思います。その点、入試のテクニックなどあるわけではなく、ある一定の実績をもとに、その人そのものが評価されるということではないかと思います。

また指導教授側にも利があります。最近は、雑務も含めてどの大学教員も忙しいです。私立大学などは営業マンのように、全国に飛んで学生を募集するなどということもあるようです。そのような多忙な大学教員にとっては、一般学生の指導に時間が取られた後、社会人学生への指導時間は限られてきます。ある程度、自立して、そして自律して研究できる人材を合格させることになるでしょう。それがお互いのためだと思います。

そして、神戸大学の例で、具体的な入試について説明すると、社会人用に「高度社会人養成プログラム」というのがありました。簡単に要約すると、4年以上の実務経験があり、修士の学位あるいは個別の審査により修士の学位と同等以上の学力があると認められた者は受験資格があります。出願書類は次のとおりです。

（１）入学願書・履歴書
（２）修了証明書（出身大学院など）
（３）成績証明書（出身大学院など）
（４）修士論文又はこれに相当する論文４部
（５）修士論文又はこれに相当する論文の要約４部（４０００字程度）
（６）研究計画書４部（４０００字程度）
（７）受験票及び写真票
（８）写真
（９）受験票返送用封筒
（10）あて名ラベル
（11）検定料（３万円）

そして、実際の試験は次のとおりです。

・社会人特別入試（高度社会人養成プログラム）
・口頭試験（オンライン実施）
※修士論文又はこれに相当する論文及び研究計画書を中心に行います。

たしかに、社会人博士課程はこれで十分だと思います。裏を返すと、それまでに十分な実績を積んでくださいということです。私はそのように解釈します。あとは、1時間程度の口頭試験で対話し判断されます。もちろん、入試方法は各大学院によって異なるので確認する必要がありますが、社会人特別入試は口頭試験のみのところが増えているのではないかと思います。なおさら投稿論文などの実績は重要になってきます。

そして、私の口頭試験は、入学後に専攻予定の商法の教授3名により実施されています。ちょうど会社法が改正される時期だったので、その論点で議論が弾みました。実はこの3名の教授とのやり取りで、非常に大切な切り口にも気づくことができました。その成果は「旬刊商事法務」に論文としても掲載することができ、実際の博士論文にも反映させることができました。私にとっては、口頭試験の段階ですでに論文指導が始まっていたことになります。

入学試験に合格するための秘訣

２０２１年２月13日土曜日に行われた口頭試験の後、３月８日に合格発表がありました。今の時代は、大学に行くことなく大学のホームページで自分の合否が確認できます。そして、自分が合格できたことが判明しました。

考えてみると、今から35年以上前、１９８７年の大学入試の合格発表は新聞に掲載されていました。当時、北海道新聞を購読していた実家で、朝刊に掲載されていた自分の名前を見つけて大学の合否が確認できた時代です。その時代とは隔世の感があります。

その時は、新聞の紙面に自分の名前をみつけて飛び上がって喜んだ記憶があります。一方、今回の合格発表には、そのような瞬間的な歓喜はありません。淡々と業務遂行して、一通り完了したという方が実態に合っています。そういう意味で、社会人博士課程の入試は、その他一般の入試とは勝負するところが異なるということだと思います。一発勝負で合否判定というよりは、過去の実績で合格を引き出すということです。

よって、大学院入試のための予備校などに通う必要は一切ありません。修士課程であれば、そのような手段も考え得るのかもしれませんが、外国語の能力も含めて、博士論文を書けるかどうかの判定は、それまでの実績で決着をつけておくことが望ましいと思います。そう考えると、専門誌に5本から10本の論文を掲載しておくことは有用です。それぐらいやっておかないと、進学してからかなりの負担があると思います。

進学後に苦労することは悪いことではありませんが、その手前で、まずは結果を出すことに力点を置くことがよいと思います。過去ビジネスの世界でも、努力や根性が重視され、働く時間も長い方が一生懸命やっている感じはしたものです。でも上司の前で行儀よく座っていることが仕事ではなく、成果を出すことが仕事です。世の中の考えも変わってきました。

大学院での過ごし方や在学中の博士論文執筆の効率性を考えると、入学前にある程度論文を書いて投稿しておくというのは最低限必要なことだと思います。入試のための特別の対策などありません。そのようなテクニックでどうこうなることではないと思います。

第5章

これからの大学院における博士課程

博士課程は「リモート博士」の時代

私以外に社会人入試で合格された方がもう一人おりました。驚いたことに、その方も横浜在住でした。そうです、これはもう「リモート博士」の時代に突入したということです。「リモート博士」というのは私が勝手に作った造語ですが、たしかに、授業のコマ数が少ない博士課程は、リモートで十分対応ができそうです。授業もオンライン会議システムを使えば可能でした。

私の場合は、櫻庭涼子教授（現 一橋大学大学院教授）の労働法の授業を受講しましたが、オンライン会議システムによって、画面越しの教授と大学院生と一緒に議論するわけです。それぞれ割り当てられた時間に、自分で作成したレジュメをもとに議論しました。大学院生は、台湾からの留学生2名と、学士、修士、博士と進学してきた一般の学生1名で構成されていました。

若い学生に混ざり白髪交じりのおじさんが授業に参加することで、私は高度で複雑な学術的議論に参加し大いに刺激を受けることができました。少々異質な学生に先方がどのように思っていたか知りませんが、彼らから私が学ぶことは多かったわけです。

もちろん、対面での授業ができれば望ましいでしょうが、私が横浜から神戸に毎週通学するわけにもいきません。その点、オンライン会議システムの活用はデメリット以上にメリットがありました。その代わり、私が神戸に行く機会があった時、神戸大学のキャンパスで、特別授業「山越さんを囲む会」と称して、みなさんと対面することもかないました。

これなどは、リモートならではの醍醐味かもしれません。いつもはオンライン会議でしかみたことがない教授や同級生たちと現実にお会いする。それはそれで感激するものです。脳もいつもと違う刺激を受けたことでしょう。授業といっても世間話や世の中の動向についてお話した程度でしたが、それでも楽しい思い出です。

また、早稲田大学・黒沼悦郎教授の金融商品取引法もオンデマンドで受講しました。好きな時に、好きなだけ動画を視聴できる授業です。そして、半年で4回の課題提出も求められるのですが、これは有益でした。メールやシステムを通じて、直接質問もできます。

黒沼悦郎『金融商品取引法〔第2版〕』（有斐閣、2022年）の基本書はその分野で有名なのですが、第一人者の講義を聞き、課題をこなすことで、通読しただけでは気がつかなかった基本書の中の重要な論点も発見することができたという利点があります。

そして、榊教授の保険法では、アメリカの賠償責任保険法のリステイトメント（The Restatement of Law, Liability Insurance）を各自が内容を理解したうえで発表する授業でした。

英語で書かれた保険に関する文献は、ある程度背景を知っており想像力が働くので、読みなれていると思っていましたが、やはり研究者が書いたものは難解でした。そもそも日本語で書かれていても理解が困難なものを英語で読むわけなので、これなども、博士論文に時間を取られていたら、せっかくの授業についていけなかったと思います。

また、自分が博士論文で引用した膨大な英語文献は、自分が理解したわずかな部分であろうことが推察できます。語学の能力が高ければ、もっと参考にできた興味深い記述はあったであろうということです。

そして「リモート博士」の最大の利点は、前述のとおり日本全国から指導教授を探せる点です。本当にニッチな研究テーマについて、一緒に考えて指導していただける教授を探すのは意外に難しいものです。私の場合は良縁に恵まれましたが、そうでない人も多いわけです。その点、選択の幅を広げるという意味でも「リモート博士」に文系の博士課程はシフトしてもよいと思います。もちろん、従来型の指導も併用しながらです。

若い学生に大学院を占拠させない

これからは、若い学生のみならず、もっと多くの社会人が大学院に行くとよいと思います。しかも修士課程だけではなく、博士課程にも挑戦するとよいでしょう。特に博士課程は、50代あるいは60代の人に向いています。30代や40代では子どもが小さく、やはり子育てに時間を割く人が多いと思います。

50代になると子どもが自立してくる時期になり、少し自分のために時間を割けるようになります。学費の問題はありますが、場合によっては子どもが大学に通い、親が大学院に通うことがあるかもしれません。同じ専門領域を学べば、親子でライバルになるというおもしろいことも起こり得ます。

私が大学進学した１９８７年の４年制大学の進学率は25％でした。今や50％を超え60％に迫る勢いです。首都圏では進学率が70％以上で、大学に行かないほうが少数派になっています。そんな時代に本当の学問をしに大学院に行く意味はあると思います。なぜなら、大学４年間で、いわゆる学問ができなくなっているからです。

特に今の大学生は、３年生の途中から就職活動が始まり、専門分野を見出す前に社会に出てしまうので、社会に出てから大学院の必要性は高まると思います。実務経験のある社会人こそ、論理的思考方法や論文作成技法などを学ぶために大学院を活用すべきなのです。

なぜ、そのような提言をするかというと、理由の一つに博士号を目指す人が減少している実態があるからです。これは１９９０年代以降に大学院重点化政策が実施され、大学院生が急増したにもかかわらず、その先のポストが存在しなかったため、博士課程に進学するメリットがまったく見出せないという状況になりました。就職の心配があり、経済的な見通しが立たないのであれば、博士課程に進めないのは当然です。

文部科学省の「学校基本調査」によると、２０００年に修士課程を修了した学生の進学率が16・7％だったものが、２０２０年には9・4％になっています。すなわち、各大学院が博士課程も含めて重点的に整備されたにもかかわらず、その資源が無駄になっているということです。

しかし、博士課程に挑戦する人の進路として修士課程から博士課程に直接進む人だけに依存していても定員を満たすのは難しいかもしれません。ここは、すでに社会人として職業に就いている人に、もっと博士課程を活用してもらう工夫が必要だと思います。

この点について、酒井敏『野蛮な大学論』（光文社新書、２０２１年）に興味深い見解があります。酒井氏によると、博士を増やしてもポストがあるわけではないので、大学院重点化は研究者の養成が目的であったはずはないといいます。実際、当時の文部科学省が掲げていた大義名分は国民の「生涯学習」の促進であったということです。生涯学習といっても大学院はあくまでも研究の場。社会人がカルチャーセンターに通って外国語や古典文学など趣味で学ぶレベルでは同列に語れません。

それでは、生涯学習として大学院を修了した人たちはどこに行くのでしょうか。それはやはり企業しかありません。アメリカ等では、博士号を持つ人たちが好待遇で企業に迎え入れられることがあり、文部科学省には、日本にもそういう企業文化が広まることへの期待があったのではないかといいます。

ただ、残念ながら日本企業にそのような発想と余力があるとは思えません。企業は、組織に特定分野の専門家を取り込み、未来のためのイノベーションを期待するなどという悠長なことはいっていられないからです。とにかく四半期ごとの決算で、すぐに結果を出せる役立つ人材が必要なわけで、組織内で自由に研究をさせて、いつ成果を出せるかわからない人材を採用する余裕はないわけです。

ただし例外はあり得ます。それは会社勤めをしている社会人が、そのまま博士課程に進学するということです。それであればそもそも就職の心配はありません。すでに職があるからです。課程博士の就職難が改善されないのが問題だとしたら、最初から仕事を持っている人を大学院が受け入れるという発想です。

酒井氏は、福利厚生の一環で従業員を大学に送り込むことも提言します。ただしその場合、「会社の研究開発に役立つ知識を仕入れてこい」といった具体的な目的を決めないほうがよいといいます。比喩的表現を用いて、大学院で身につけるのは「筋肉」ではなく、「脂肪」であるといい、大学院を保養施設と同じように利用させるとよいと提言します。

たしかにその通りだと思いますが、前述したように企業にそのような発想や余裕はなく、視点はせいぜい3年、長くて5年で成果を期待します。たとえば、上場会社の場合、経営者の在任期間がその程度なので、視界がそこまでしか届かないのでしょう。なかなか「10年後、20年後に成果を出してくれればいいよ」といえる経営者はいないのではないでしょうか。

ただ、会社のためだけではなく、リカレント教育の一環として、自ら大学院で学ぶというのはあり得ます。人工知能（以下「ＡＩ」）に仕事が奪われると恐れる前に、ＡＩで自分の仕事が楽になるのだから、そのゆとりを利用して大学院で学ぶということです。できないことはないと思います。

大学院重点化の失敗を逆手に取る

前述したように、1991年に大学院重点化という大学にとって大きな転換点がありました。当時の文部科学省大学審議会の5月答申では「大学院の量的整備」として次のように述べます。

現状は、国際的に比較して極めて小規模。学術研究や人材養成などの要請に応えるため、量的な整備を図る

同年11月の答申でも「大学院の量的整備について」として次のとおり述べます。

学術研究の進展や社会人のリカレント教育に対する需要の高まりなど社会の多様な要請に応じて、大学院の量的な整備を進めることが求められており、平成12年度の時点で大学院学生数を少なくとも現在の規模の2倍程度に拡大することが必要であることを提言

この答申の結果、文部科学省の学校基本調査「平成12年度調査結果の概要（高等教育機関）」によると、大学院学生数は、1991年度の約9万8000名から、2010年度には約20万5000名に増えており、答申の目標である2倍程度というのが達成されていることになります。

大講義室の授業と違い、論文指導など一対一のやり取りも必要な大学院で、20年の間に10万人以上学生が増えたことになります。受け入れ側の体制は本当に整っていたのでしょうか。大学をビジネスとして捉えた場合、論文指導という手間のかかる儲からない大学院ビジネスに大学が参入してしまったということになります。

天野郁夫『国立大学・法人化の行方』（東信堂、2008年）によると、なぜこのような

大学の本質を大きく変えるような政策変更を十分議論することなく決めてしまったのか疑問だとします。ただはっきりしていることは、予算の増額を求める大学と、研究大学の大学院の抜本的な改革を図りたい当時の文部科学省の思惑が一致していたので、そのような無謀な施策を実施してしまったということのようです。

たしかに、下記の図表の主要各国を比較してみると、日本の学部生に対する大学院生の比率は極めて低いです。各国のデータで揃っているのが２０１８年だったので、その数字を整理していますが、文部科学省がこれではまずいと思うのもうなずけます。日本が学歴社会といいながら、実は主要各国と比較すると低学歴社会ということです。

ただ、さらに図表に時間あたりの労働生産性と失業率を挿入してみました。そうするとまた別の視界が広がります。たしかに、日本の労働生産性は低いのは明らかで

〔図表1〕主要各国の大学院生の比率と労働生産性、失業率（2018年）

国名	学部生	大学院生	大学院生の比率	時間あたりの労働生産性（USドル）	失業率
日本	2,599,684	254,013	9.8%	46.8	2.4%
アメリカ	16,616,370	3,035,042	18.3%	74.7	3.9%
イギリス	1,709,500	604,600	35.4%	60.6	4.1%
フランス	858,593	636,629	74.1%	72.2	9.0%
ドイツ	1,835,096	1,033,126	56.3%	72.9	3.2%
韓国	2,062,167	322,232	15.6%	38.7	3.8%
中国	16,973,343	2,703,411	15.9%	NA	3.8%

出所：文部科学省やOECD、IMFの統計をもとに筆者作成。

す。一人ひとりの生産性は低く、長時間労働が常態化しているからかもしれません。

一方で失業率は極めて低いのです。これは日本企業が労働者を抱え込んでいるからでしょう。労働生産性は低いものの、失業させないことで、日本社会を維持しているともいえます。新卒一括採用という独自のシステムも失業率の低下に寄与しています。

以上のことから、日本の現状がダメという結論にはならないでしょう。バランスが必要です。フランスのように学部生に比して70％以上の人が大学院に行き、労働生産性を上げても、失業率が９％の社会は受け入れられないでしょう。

しかし、このまま低い労働生産性に甘んじていると、少子高齢化でますます日本は遅れを取ることになります。よって、社会人のリカレント教育を促し、労働生産性を上げるとともに、一人ひとりの人生を豊かにすることを大学院に担ってもらえばよいと思います。

このような日本の現状ですが、いったん定員が拡充された大学院を社会人に開放すべきです。いえ、すでに開放されています。各大学院で社会人入試制度も充実してきています。芸能人の方でも大学院で学び直している方が増えていないでしょうか。

問題は、社会人が大学院に通える環境がないことでしょう。そこを改善することで、大学院へ行く社会人は増え、博士号を目標にする人も増えてくると思います。そして、博士号取得後の就職を心配する必要がない、職業に就いたままの社会人博士を増やすのがよいのではないかと考えるわけです。

社会人大学院では実学を学ばない

どのように社会人学生を増やすのか。まず、企業は従業員に実務ではなく理論を学ばせるべきだと思います。「実学」という言葉がありますが、実務的なことは大学院よりも、会社で学ぶ方が効率的です。その点、「会社は最強の大学院」なのです。日本のどこの大学院よりも、会社は最先端の実務が学べる超一流の大学院です。

よって、社会人大学院といっても、通常の大学院のカリキュラムで問題ないと思います。徹底的に学術的な理論を学ぶために社会人はいったん大学院で学びます。それでは即戦力にならないではないか、という意見が聞こえそうですが、ビジネスの世界でイノベーションを起こすのに、実学が役立つでしょうか。もっと奥が深くて複雑な要因が絡み合い、イノベーションは起こるのではないかと思います。

理想は、実務の世界で活躍する人材が、いったん学術の世界に入り、アカデミックな理論に触れることで新しい地平を見出すことができるということです。

下記の図表で説明してみます。日々の業務で使う知識というのは、意外とわかりやすく、見えやすいものです。しかし、そこをいくら鍛えても成長できないことがあります。なぜならその下にある、わかりにくく、見えにくい学術の世界の広がりを知らないからです。この学術の世界の土台を広げることで、その上に実務的な実力が乗りやすくなります。「急がば回れ」で、実学ではなく、学術の世界の理論に触れることで社会人は成長できるのです。

この理屈は、大学院側にもメリットがあります。社会人を受け入れるために、わざわざ実務家教員を採

〔図表2〕実務と学術のバランス

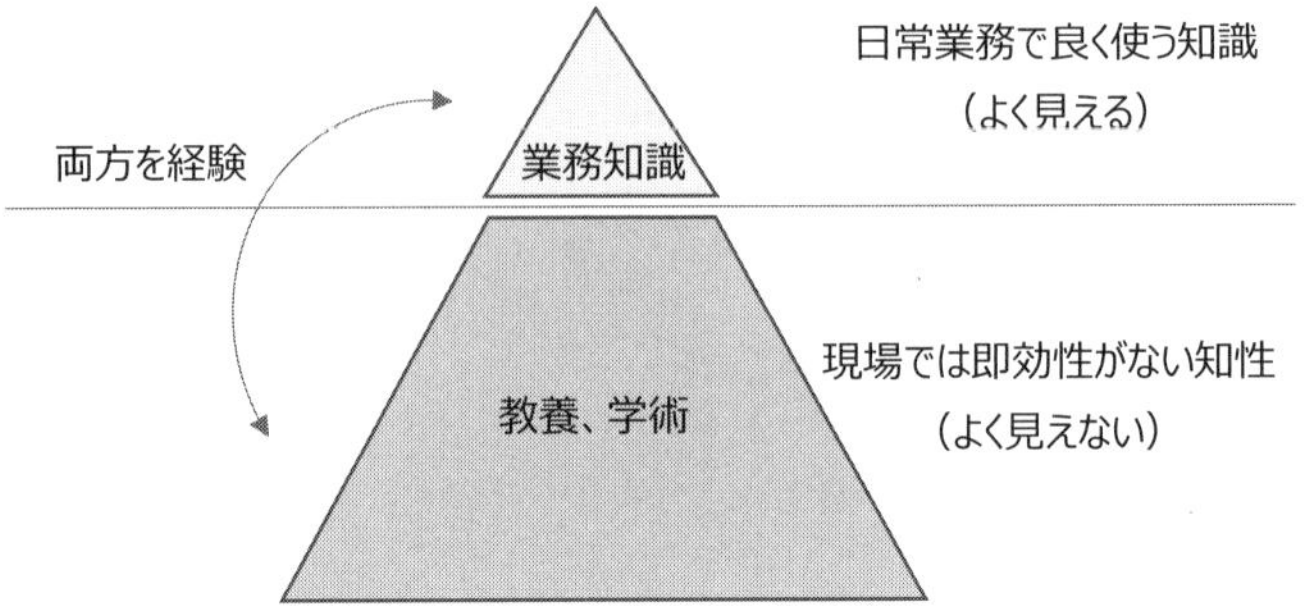

出所：筆者作成。

用する必要はありません。松野弘『サラリーマンのための大学教授の資格』（星雲社／VNC、２０１４年）では、専門的・学術的な教育を受けておらず、博士号はもちろんのこと、修士号さえ持っていないテレビでおなじみの元キャスターが大学教授になっていることに疑問を呈します。これでは、大学院の質的な担保が難しくなってきます。論文指導などできるわけがないのです。そもそも自分で書いたことがないのですから。

このように実学重視を強調しすぎて実務家教員を増やすと、大学院教育の質が著しく低下します。教員の採用コストも上がります。よって、理論重視を維持しつつ、教員は従来の基準で採用していればよいのです。

現場のプロであるはずの社会人が、なぜ実務家教員から指導を受けなければならないのか、私には理解できません。その現場主義に深く根差した経験に、学術的な理論を加えるから、新たな展開がみえてくるのだと思います。

そして、最大の難題は、日本企業が自社の従業員に対して、大学院進学を推奨できるかです。大学院で学ぶと、労働生産性が下がると考える経営者は、そのような決断はしないでしょう。しかし、アメリカやフランス、ドイツの高い労働生産性を思い出してください。もちろん、教育システムが国によって異なるので、日本で同じ結果が得られる保証はありません。文化的背景や国民の気質も影響するかもしれません。

ただオフィスにいるだけで成果を生まない労働者を抱える余裕はありません。最初に指摘したように、すべての従業員が自分の業務を「まっとうな仕事」に変えるために、今までとは異なる挑戦が必要になるのです。その挑戦の後押しをするということが、各企業に求められていると思います。それが自社の労働生産性を上げることになるし、イノベーションを起こすことにつながるのです。

修士課程を学術的に充実させる

特に経営学の修士課程などでは、修士論文が修了要件になっていないこともあるようです。ですが、やはり学術論文を書かないのであれば、大学院の価値は半減すると思います。特に多くの社会人が博士課程へ進む未来を考えると、修士論文は必須ではないでしょうか。論文の形式的要件も含めて、学術論文が何かを知らなければ、博士課程には進めないと思います。

　また、前述したように、博士課程に進む前に、何本か学術論文を発表しておくことが、実は博士号への最短コースであることを考えると、どうしても論文技法を学ぶ必要があります。論文執筆がないのであれば、わざわざ大学院に行くことなく、普通のオンライン学習で動画を視聴することでも一定の成果は得られると思います。

　天野郁夫『大学改革を問い直す』（慶應義塾大学出版会、２０１３年）によると、実は大学院という制度はアメリカが発明したものだそうです。そして、学士、修士、博士という三段階学位制度もアメリカ的なもので、ヨーロッパには、２０００年以降に浸透しはじめたようです。そもそもドイツに学位といえば博士しかなかったそうで、その点、日本が戦後にアメリカのシステムを導入したために、三段階学位制度が当たり前に存在していることになります。

　たしかに、私も１９９３年に修士（法学）を授与されましたが、三段階学位が当然のことと思っていました。しかしその後、フランスでは、明確な三段階学位がないということを知り、アメリカとは異なる発展をしていることを理解しました。

　今でこそフランスも国際化の波に押されて、修士の綴りを〝maîtrise〟から〝master〟に変更するなどし、学位制度をアメリカ型に修正してきているようですが、学士課程の修業年限は３年ですし、しかも３年で学士課程を修了できる学生はたったの27％ということですから、達成度の評価システムもかなり異なるようです。

しかし、この三段階学位制度もうまく活用すると、最終ゴールの博士号へ効率的に進むことができます。最近、専門職大学院なども増えていますが、やはり博士課程を前提に修士課程のプログラムは設計されたほうが、社会人のリカレント教育の観点から望ましいのではないかと思います。専門職大学院のように修士のみの完結型では、その先がありません。修士課程は博士課程の準備段階として制度設計されるほうが、社会人の長期的な学びにおいては望ましいと思われます。

そう考えると、最近急に増えた感のある専門職大学院も再考の時期ではないかと思います。専門職大学院というのは単なる呼称ではなく、学校教育基本法99条2項に定められており、一般的な大学院について定められている99条1項とは異なります。

条文からは違いがあまりわからないのですが、あえて解釈するなら、文化の発展に寄与するなど高邁な理想は横に置き、高度の専門性が求められる職業に就ける人材育成だけを目的にするのが専門職大学院になります。

ここに私は落とし穴があると思います。これからの社会人は、やはり金儲けに直結したことだけを学ぶのではなく、文化の発展や芸術、哲学、宗教、神学、理学、医学等の進化にも貢献していかなければならないと思います。

藤原正彦氏は『国家の品格』（新潮新書、２００５年）の中で、真のエリートの条件について述べます。文学、哲学、歴史、芸術、科学といった、何の役にも立たないような教養をたっぷりと身につけることが必要であると。そうした教養を背景として、圧倒的な大局観や総合判断力を持った人になることが必須だとします。

その通りではないでしょうか。法科大学院、経営大学院、会計大学院、教員養成大学院等、実務家教員を大量に採用して教育を提供している高等教育機関の実績が、今一つ振るわないのは、高等教育における何か大切なものを見落としているからのように思います。アメリカ型の模倣では日本はうまくいかないようです。

よって、伝統的な従来型の大学院、そして大学教員にも自信を持ってもらいたいと思います。そのような大学院および教員は、社会人に絶大な力を与えることができるということに気がついて欲しいです。少なくとも私が獲得できたものは、筆舌に尽くしがたい学術的な技能でした。

第6章

社会人が博士論文を書くための知恵

社会人は2万字の論文投稿を継続する

博士論文の水準に関しては、近江幸治『学術論文の作法』（成文堂、２０１１年）が参考になりました。早稲田大学大学院法学研究科の例をあげて、博士論文は特定のテーマに関して、執筆者の創造性と高い知見が要求され、分量は外国人留学生に14万字程度を要求しているので、それ以上の分量であることが望ましいとされます。

また、論文博士の場合は、論文だけで実際の学力を判断するのは難しいので、課程博士とは異なった審査が必要となり、たとえば、博士学位請求論文を受理するか否かの事前審査があったり、語学力審査もなされたりするそうです。

ここまで丁寧に審査がなされるのであれば、もう「学位をお金で買う」などといわれるレベルではないと思います。少なくとも早稲田大学の論文博士による博士号の水準は高いであろうことは想像がつきます。

また、分量についても参考になります。仮に社会人が15万字の博士論文を完成させるとしましょう。そして、序章と終章で1万字とします。1章が2万字とするなら7章必要になります。これで合計15万字です。単純化しすぎですが、執筆計画を立てるにはよい目安ではないでしょうか。専門誌に7本論文を投稿することを目指してみてください。

そして、社会人がこの15万字を博士課程の3年間で書き上げるというのはかなり難しいと思います。もし私が仕事を続けながら実践できましたというなら、その論文の質は保証できないものでしょうし、誤りも多く散見されるものになるかもしれません。

フルタイムの学生のように、一日中研究や論文作成に時間を割けるわけではありません。子どもがいれば子育ての時間も必要です。

ちなみに、私が博士課程に進学したときは、長男が高校2年生、長女が中学2年生、二男が小学6年生でした。ある程度、子どもたちも自立して、自分のことは自分でできるようになっていましたが、大学受験や高校受験もあり、いろいろ時間は取られたと思います。

また、勉強だけではなく、子どもの健康問題や精神的な問題など、難題が押し寄せてきます。フルタイムの学生と同じことをしようとするのは無理があり、最初から違う戦略を採用するべきでしょう。

そこで私が実践した方法が、自分の業務と密接に関係のあるテーマの2万字程度の論文を、年に1本から2本程度執筆していく方法です。前述したように、それで博士論文の完成に8年を要したわけです。要領が悪いかもしれませんが、私は土壇場で一気に書き上げるというパワーがないタイプです。短距離ランナーではなく長距離ランナーですからこの方法がよかったと思います。

また、論文を投稿するたびに、審査員や編集部から指摘が入るので、すでに論文指導を受けていることになります。論文の質も向上しますし、自分の論文技法も高度なものになっていきます。おまけに、原稿料も頂けることがあるので、お金をもらって論文指導を受けられるということです。これを社会人が利用しない手はないわけです。私は強くお勧めします。

そして、厳しい審査員の指摘に、自分の自尊心を傷つけられるという経験もしておくとよいと思います。どんどん謙虚になるし、さらに論文の質を高めようという動機も生まれます。

ときには理不尽な指摘や修正提案もあるかもしれません。ある人が電車に乗っているときに、審査員の指摘を読み、その的外れなコメントに怒りを覚えて、下車すべき駅を通り越したなどというエピソードを聞いたことがあります。

それでも、そのコメントを反映した修正をすることで、自分の思考も柔軟になるし、意外な気づきも得られるものです。社会人であれば、職場で理不尽な指示に従うなどよくあることでしょう。この点、社会人の方はうまく乗り越えられると思います。

審査員の「ストライク・ゾーン」に投げる

博士論文を執筆されようと思う社会人の方に、私がぜひお勧めしたい参考書があります。それは次の二冊です。

- **川崎剛『社会科学系のための「優秀論文」作成術』**（勁草書房、２０１０年）
- **新堀聰『評価される博士・修士・卒業論文の書き方・考え方』**（同文館出版、２００２年）

川崎氏は、カナダのサイモン・フレーザー大学の教員で、アメリカのプリンストン大学でPh. D.（政治学）を取得されています。しかし、書籍の内容は日本の博士論文において参考になることが多く記述されています。

たとえば、印象に残る指摘として、査読付き論文は「お見合い」だというものです。これは博士論文にもいえることだと思います。どういう趣旨かというと、同じ論文でも審査員によって「それがどうした」という反応もあれば「これはいい」という反応もあるということです。

当然といえば当然ですが、審査員も人間なので主観があります。審査員の好みの論文とそうでないものがあるわけです。よって、論文投稿するときは、先方のストライク・ゾーンに入る学術雑誌に投稿しろとアドバイスします。これは博士論文も同じです。指導教授のストライク・ゾーンに入る論文を書くべきなのです。もちろん、自分が得意で情熱を感じるテーマであることは必要ですが。ですから、自分のテーマが決まったら、そのストライク・ゾーンに入ってくる指導教授を探すということになります。

そして、審査員のコメントには誠実に対応し、すべて反映させた形で加筆・修正して再び論文提出すべきだそうです。ときには、ピンボケのコメントがあって反論したいこともあるかもしれませんが、そのことは横に置き、とにかく誠実な対応が望ましいとのことです。

この点、前述のように社会人は理不尽な顧客からの要求に笑顔で対応など日常業務としてあることと思うので、余計なプライドは捨てて適宜対応できることでしょう。

過去に私も審査員のコメントを読んで、当初は、この審査員は私の書いたことを理解していない、と思うことがあっても、誠実に対応していくことで、実は自分が本質を理解していなかったことに気づくことがありました。また、無理難題をいう審査員のほうが自分を強くしてくれるということでは望ましいともいえます。

さらに、審査員はブラインドなので、誰なのかわかりません。よって、審査員はこの人かなと想像しながら楽しんで対応するくらいのゆとりがあったほうがよいと思います。いずれにしても、博士論文に使える新しい論点や切り口が出てくることもあるので、顔の見えない審査員と対話するつもりで対処するとよいでしょう。

私も自分が知らなかった関連する裁判例について、どう解釈するか加筆するように指示をいただき、その裁判例を博士論文に利用させていただいています。いまだにどなたがこの価値ある指摘をしてくださったかわかりませんが、今となっては感謝に堪えません。

また、新堀氏は総合商社出身で、早稲田大学に論文博士を提出し、博士（商学）を授与されています。その後、日本大学の教授もされた方です。

私が参考になったのが、文献の引用システムは学問分野によって異なり、どれか一つが正しい引用方法だということではないということです。外国語文献の引用についても説明されているので、この一冊で博士論文の形式的要件をクリアすることはできると思います。

自分がいったん決めた文献引用システムは、論文の中で一貫性を維持する必要があります。同じ論文の中で、あるときはAスタイル、あるときはBスタイルなどとならないように注意しましょう。

ちなみに、私がベースにしたのは、東京大学法科大学院ローレビュー第13期編集委員会『東京大学法科大学院ローレビューにおける文献の引用方法』（２０１７年）でした。これをもとに、自分で執筆しやすいように少しアレンジしましたが、一貫性は維持しました。

日本語文献と外国語文献の双方について丁寧に説明されていますので、とても役立ちます。外国語書籍にも改訂版として、第2版、第3版などありますが、「序数は 1st, 2d, 3d, 4th, …と表記してください（2nd, 3rd ではありません）」などという指摘は、私が知らないことで、とても参考になりました。

論文に格調高い日本語は必要か

社会人の博士論文において、まずは格調高い文章より、分かりやすさを優先することをお勧めします。なぜなら自分しか知らない世界のことを他者にわかりやすく説明するという意味では、分かりやすさが優先されてしかるべきと思うからです。

博士論文なので、お粗末な日本語は書けないと思ってしまい、長い文書が短い文章よりも望ましいと考えたこともあります。しかし、文章が長くなると首尾一貫しないことが多くなります。文章の出だしと終わりで辻褄が合わない、つまり、主語と述語が一致しないようなことが頻発します。その場合、文章を区切ることも大事で変に格調の高さを求めてもいけないということです。たとえば、文章を書くことを司る自分の脳がうまく機能しない例を短めの文章で説明してみます。

本節の手前の『審査員の「ストライク・ゾーン」に投げる』という箇所で次の文章を書いています。

どういう趣旨かというと、同じ論文でも審査員によって「それがどうした」という反応もあれば「これはいい」という反応もあるということです。

でも最初は次のように書いていました。

どういう趣旨かというと、同じ論文でも審査員によって「それがどうした」という反応もあれば「これはいい」という反応もあります。

「どういう趣旨か」ということを説明しようと思っていたのに、「あります」と単なる事実の指摘になってしまいました。一読しただけではわかりませんが、何か違和感があり修正しました。間違っている、あるいは正しいを超えて、わかりやすい文章は大切だと思います。このような短い文章でさえも自分の脳はうまく機能しないことがあるのでしょう。

また、往年のベストセラーである、岩淵悦太郎編著『第三版　悪文』（日本評論社、１９７９年）には良い例文がありました。

> この選挙でわかっているのは、日本のように候補者の名前を書いて投票するのは、いなかだけで、都市などのように、人口の多い町では、投票所に投票機という機械がおいてあって、投票する人は、じぶんの選びたい人の名前の所にあるハンドルを、ガチャンとおすだけでよいのです。

子ども向け新聞の文章だということですが、これでは読んでいる子どもも困ります。主語に対するおさめがないので、「ガチャンとおすだけでよいということです」として、はじめて結びがはっきりします。

格調の高さを狙った長文は文章を複雑にして読者を混乱させ、最後のとどめで意味不明という最悪の事態をもたらします。美文を狙うのもほどほどにして、身の丈に合った日本語を目指すのがよいでしょう。

博士論文で「悪文」から卒業する

前出の岩淵氏によると悪文のチャンピオンは、頭脳明晰であふれんばかりの教養の持ち主であるはずの裁判官だそうです。たしかに、学生時代、判決文を読んでいると理解に苦しむことがありましたが、岩淵氏の指摘になるほどと膝を打ちました。とにかく判決文のストーリーを追いかけるのが非常に難しい。理解に苦しむ自分が法学の学習に向いていないと思うこともありました。

しかし、これは判決文に共通する文体のようで、とにかく一文が長い。日本語の専門家からみれば悪文の部類に入るわけなので、理解できない自分に対してそんなに悲観する必要もないことに気がつきました。とにかく、自分しか経験していないことを他者に理解してもらうには、やはりわかりやすい日本語を書くことを心がけるしかありません。

また、できるだけ正しい日本語を使うということも大切です。以前、「ＭＢＡの文章技術」のような記事を読んで、「文章は話すように書け」というアドバイスがありました。この話すように書くというのは、日本語において正しいのでしょうか。

文語の普及の書として有名な、愛甲次郎『世にも美しい文語入門』（海竜社、２００８年）では、話し言葉と書き言葉は違うことが強調されます。文章は後々に残るものなので書くときは慎重になり規範意識が強く働き、伝統が重視されるといいます。また、文章は必然的に推敲されて磨かれたものになるとされます。

その点、論文投稿や書籍出版は非常に役立ちます。紙になったとたんに修正がきかないからです。たしかに、ブログなどでも他人に読まれるかもしれないということで、規範意識は働き、緊張感も出るでしょう。しかし、誤りを後で訂正できる点で物足りません。論文や書籍は訂正できないので、それなりに慎重になる点で望ましいでしょう。

そして、話すように書くという視点から、自分もやけに読点が多い文章になった時期がありました。自分で息継ぎした場所に点を打つので、むやみに点が増えたのかもしれません。

しかし、この読点については、本多勝一『新装版　日本語の作文技術』（講談社、２００５年）を読んで慎重であるべきことを知りました。この本多氏の書籍は必読書です。

その晩、三人で、牛肉の鍋をかこんだ。さうして、道也は、ほとんど一人で、引きあげの仕事を『うそ』と、『まこと』を、おりまぜて、おもしろおかしく、はなした。

多くの作品を世に出した日本の小説家である宇野浩二の文章だそうです。かたっぱしから点を置けば点の意味もなくなり読むほうもリズムが狂います。よって、適切な点の打ち方が文を引き締めることになるので大切ということです。また、点の位置も重要であり、文章の意味そのものも変わることが理解できます。

「渡辺刑事は血まみれになって、逃げ出した賊を追いかけた。」
「渡辺刑事は、血まみれになって逃げ出した賊を追いかけた。」

読点の位置で渡辺刑事が血まみれなのか、賊が血まみれなのか違うわけで、こんな大切な機能が読点にあることを知りませんでした。でもこのようなことは論文を書くから気になりだしたことであり、その機会がなければ一生気づかなかったかもしれません。

そして、課程博士で指導を受けることができない論文博士の難点は、自分の思い込みで間違った日本語表現を永遠に使い続けることかもしれないということです。たとえば、間違いやすい言い回しで、学術論文では、「〜に鑑みて」がよく使われます。堅い表現ですが、先例や他の事例を照らし合わせる、他の事例を参考に考えるという意味であり、これを「〜を鑑みる」と誤用することがあります。ビジネス文書でも、上場企業の有価証券報告書の中でも、この手の誤用はよくみかけます。

その点、課程博士で論文指導を受けて学位を取った人の論文では、このような誤りが少ないです。ここが徒弟制度の課程博士における強みかもしれません。ただ、論文博士でも専門誌への論文投稿を何度も繰り返していれば当然指摘が入るし、複数の審査員の目に触れれば、いろいろな角度からの助言も入ってきます。よって、油断は禁物ですが、論文博士でも日本語能力を補う方法として論文投稿という手段は活用できます。

「ゲラ刷り」で見えてくる稚拙さ

ゲラ刷りというのは、書籍や論文の校正を行う時の校正刷りのことです。最終の仕上がりと同じ見え方のゲラ刷り原稿は非常に有用です。ワード原稿では気がつかない誤字脱字、日本語表現の誤りなどが、なぜか浮き彫りになります。不思議なものです。

二冊目の単著で専門書となる『先端的賠償責任保険―ファイナンシャル・ラインの機能と役割』（保険毎日新聞社、２０２２年）を上梓した時のことです。正直、一冊目の時より情熱が薄らいでいたかもしれません。自分の著書のページを開くと、違和感のある表現が目に入りました。

「実態にそぐっている」という記述が妙に引っかかります。そもそも、こんな日本語表現があるのか。その違和感は、声に出して読む時に感じるというより、視覚的なもののほうが強かったです。国語辞典で調べてみると、「そぐう」は「ふさわしい。似合う。つり合う。調和する」という意味で、普通は打消しの形で使うとありました。すなわち、「そぐわない」という表現です。「葬儀の場にそぐわない服装」というように。

そこでさらに、検索エンジンで〝そぐっていない〟と検索してみると、いくつかそのような使い方をしている文章が出てきました。

『三省堂国語辞典』編集委員の飯間浩明氏によると「そぐう」という動詞は、一般に「そぐわない」と否定形で使われますが、肯定形もあります。『角川外来語辞典 第二版』1967．7．18 p.1「序」に〈この精密・精厳な研究を得て、この研究にそぐうばかりの、国語の内側の研究が要求される〉という金田一京助大先生のことばが載っています。

また、文筆業の栗原裕一郎氏は、次のようにコメントします。

〈「そぐってない」って日本語としてヘンなのかな？　「そぐう」は打ち消しの「そぐわない」で用いられることが多いけどそもそもはワ行五段だから、連用形＋接続助詞「て」＋ない＝「そぐいてない」はありだよね。音便化すれば「そぐってない」になるから理屈は合っているよね？〉

結局、いろいろ調べるものの明確な答えは出てきませんでした。ただ、自分の文章を見たときの視覚的な違和感はとても強かったです。自分の書いた文章なのに、なぜもこんなに不自然な印象をもったのかわかりません。たしかに、あわてて追記した段落であり、検証が不十分であったのは事実です。このように、ワード原稿で違和感なく、ゲラになっても気がつかず、書籍として完成して、ページを開いたら、何ともいえない違和感…。

おそらく今後、この表現を使うことはないと思います。日本語として正しいか正しくないかわかりませんが、自分の中の違和感は大切にしようと思います。「実態にそぐっている」を「実態に合っている」と書けばよかっただけのことなのですから。

出版後にこのようなことが発覚すると、内容についても、２０２０年に改正された民法との整合性がない記述もあるとか、労働法の解釈に間違いがあるとか、いくらでも懸念点は出てきます。

このように博士論文の執筆前には、論文投稿や、できることなら書籍の出版もしておくとよいと思います。書籍ができあがるプロセスからも多くのことが学べるからです。

最後に迷う日本語表記の一貫性

博士論文の執筆も佳境に入り、校正作業も進んでいきます。内容はこれ以上深く掘り下げることも、射程を広げることも、自分の実力では難しいかもしれないところまで到達します。おおむね論じ尽くしたといってよいと思う段階で、最後の関門が待っています。それが日本語表記の統一です。

送り仮名表記はどうするか、あるいは、漢字にすべきかひらがなにすべきか、などです。

実はこれが厄介で深いと思います。たとえば、自分の場合は、同じ論文の中で表記を統一するためにメモを作っています。送り仮名の付け方については、いくつか例示すると次のとおりにしました。

・受け取る
・引き続き
・取り込み
・見出されて
・織り込み
・受け付け
・組み込む
・取り扱う
・取扱い（名詞）
・取り決め

・取決め（名詞）
・組み合わせ
・組合せ（名詞）

次に漢字かひらがなか迷う場合の表記については以下のとおりです。

・特に
・極めて
・捉え
・及んで
・位置付け
・すべて

・義務付け
・最も
・もっとも（接続詞）
・まったく

数字については次のとおりです。千円単位までは算用数字を使い、万の単位は漢数字と算用数字を併用することにしました。アメリカ・ドルに対する日本円の補足表記は、為替の正確さよりも、一読しただけで規模をイメージできるように、1ドル＝100円としています。

・2億ドル（200億円）
・1億ドル（100億円）

・１兆２０００億ドル（１２２兆円）
・８６０億ドル（８兆６０００億円）
・20億ドル（２０００億円）
・62億ドル（６２００億円）

どれが正しくて、どれが間違っているということでもないので、とにかく自分の同じ論文の中で統一していればよいということです。そして、送り仮名の付け方については、文化庁の内閣告示・内閣訓令などを参照しました。特に複合の語は迷いますが、文化庁の「送り仮名の付け方　複合の語　通則６」などに従い、自分でルール化していくとよいでしょう。

また、漢字かひらがなかは、識者の見解を一覧で作成されたサイト「かなで書くか漢字で書くか？　識者の見解一覧」があったので参考にしました。

このような日本語表記の問題は複雑です。答えが一つではないからです。そして、私が書籍を出版したときに編集を担当していただいた、大塚和光氏に確認してみたことがあります。大塚氏は、青林書院という法学関連の書籍で有名な出版社に長年勤務していた方で、今は、保険毎日新聞社でご活躍中の大ベテランです。

その大ベテランが、初出に合わせて統一して進めていったところ、途中で著者の用法が突然に変わった時、これまで直してきた自信が揺らぐ。直すべきか直さざるべきか、そこが問題だ、と吐露されていました。大ベテランでもこのようなことなので、私にしてみれば、なんだかホッとするコメントでした。

その道一筋で校正作業をしてきたプロが、結局は迷うということがあるということ。そうであれば、自分が迷って当然です。Nobody is perfect! であきらめがつくというものです。

第7章

社会人が博士号を取得するインセンティブ

労働者の「40歳定年制」のすすめ

社会人が博士号を取得するインセンティブはいろいろ考えられます。その一つに労働市場の変化があると思います。明らかに労働者の置かれた環境は変わり、これからますますその変化のスピードは増していきます。そのような時代に、博士号を取得して、自分の専門分野を確立しておくことは意味があるのでしょうか。

柳川範之『日本成長戦略40歳定年制―経済と雇用の心配がなくなる日』(さくら舎、2013年)では、40歳定年を推奨しています。いくつかポイントがありますが、技術革新のスピードが速くて、若い時代に身につけた技術がいつまでも使えるものではないこと、長寿化で働く期間が長くなったこと、あるいは、もう日本企業が終身雇用に耐えられなくなってきていることなどがあります。

このようなことを背景として、人はスキルを定期的にブラッシュ・アップすることが必要であり、たとえば、75歳まで働き続けられることを前提に、人生三毛作として20年ごとに区切り、つねに最新の技術をもって労働市場で活躍できる人材になろうということです。

労働市場をみると、現状では期間の定めのない労働契約がいわゆる正社員としての唯一の働き方になっています。２０１２年以前には60歳以上の労働者を雇用することは企業の努力義務でしたが、２０１２年には企業に対して、希望する労働者全員を65歳まで継続雇用することが義務化され、２０１３年に法律が施行されました。これが一見、労働者にやさしい法改正と思われますが、65歳を過ぎたとたんにキャリアが切れてしまい、そこから先がないことが問題ではないでしょうか。だから40歳定年制にして、それまでに実力をつけて、次の20年を走り、また、60歳頃にさらにスキルをブラッシュ・アップして次の人生へ突入するというわけです。

おそらく、柳川氏は、40歳定年制を象徴的なキーワードとして使ったと思われ、制度的にあらゆる企業で40歳定年制を採用できると考えられているわけではないと思います。しかしこの提言には、これからの社会人が強く意識すべき、リカレント教育の重要性に関するメッセージが含まれていると思います。昭和の時代のような、すごろくのサラリーマン人生は存在しなくなっているわけです。いわゆる「あがり」がない。

ちなみに、アメリカ、カナダ、オーストラリアなどでは、定年制は存在しません。それどころか定年制は違法です。年齢差別にあたるからですが、そもそも60歳や65歳で途端に仕事の能力や、やる気が減退するわけではありません。アメリカのように、自分の退職時期は自分で決めるという自律した社会は、日本でも見習うべきなのかもしれません。

このようにアメリカ型の雇用制度のもとでは、社会人が大学院で学び直すというのは特別なことではないことが想像できます。一つの会社に入社し、定年退職年齢まで居続けることができるのであれば、わざわざ大学院に行く必要もないという日本とは異なるわけです。

私も1993年に社会人になった時は、当時の会社に定年までいると思い込んでいました。しかし急に金融自由化の波が押し寄せ、入社後5、6年で、すでに雲行きが怪しくなってきます。何となくこの会社はなくなるのではないか、自分は定年退職までいられないのではないかと思いはじめ、その後、合併によって現実にそうなりました。

結局、学び続けなければ次がないのです。一流大学に進学し、一流企業に入社すれば安泰などというのは幻想なわけです。今の学生にいうのは気の毒かもしれませんが、社会人になってからこそ、本当の学びがはじまり、徹底的に学問を究めるつもりでないと、ビジネスの世界で圧倒的な差別化や、ダントツの強みを獲得できないということです。

その点、柳川氏の40歳定年制に一理あると思いますし、むしろ30歳定年制にしなければばなりません。40歳前後では家庭もあり子どももいるケースも多いと思うので、まだ身軽な30歳前後でいったん会社を飛び出すという経験をしておくほうが、その後の人生は柔軟に組み立てられます。しかも、30歳と40歳では、30歳の転職市場の方がはるかに選択肢の幅があります。

そうです。「30歳定年制」の勧めです。労働市場の流動性も高まるでしょう。もちろん、企業は中途採用で優秀な人材を補充していくので、会社規模が縮小するわけではありません。そして、組織は持続的に優秀な人材を社会に輩出し、一方で新しい人材を取り込み活性化していきます。

そのような時代では、やはり社会人大学院を検討する価値はあると思います。学びだけではなく、常に外の世界と接点を持つと入ってくる情報も多様になります。自分の会社や業界以外の他者の生き方も知ることができるし、刺激になることでしょう。

そして、博士号は人生三毛作における、最後の段階で自分が何者であるかを知るのに役立ちます。人生の後半で、明らかに自分はこの分野のスペシャリストであったのだと自覚できることになります。自分自身を知るということ、自分が何者であるのかを理解するということです。そして他者に自分の専門分野を示せることは大切ではないでしょうか。

「リスキリング」で得をするのは誰か

リスキリング（reskilling）という言葉が注目されるようになりました。和訳するなら技能再教育という意味ですが、リカレント（recurrent）教育と何が違うのでしょう。リカレントは回帰教育などと訳され、社会人の継続的な学び直しの文脈で使われることが多いと思います。

一方、リスキリングは、経済産業省＝リクルートワークス研究所「リスキリングとは ―DX時代の人材戦略と世界の潮流 ―」（２０２１年）によると、「新しい職業に就くために、あるいは、今の職業で必要とされるスキルの大幅な変化に適応するために、必要なスキルを獲得する／させること」と定義されています。そして、リカレント教育とは違うと断言しています。

少々上から目線な定義ですが、リカレント教育は労働者が自発的に学び直すのに対して、リスキリングは企業が労働者のスキル構築のために教育プログラムを提供することになり、労働者からすると「やらされ感」のある受け身的な印象がないでしょうか。

私はリスキリングに対して距離を置き、労働者として使えるところは大いに活用するとしても、やはり自発的なリカレント教育を重視していくべきではないかと思っています。

まず、リカレント教育は自分で自身のキャリアを考えて、何を学ぶべきかを自発的に見出していきます。一方、リスキリングは、会社が必要と思う技能を労働者に身につけさせるわけで、会社主導になります。もしリスキリングのゴールが誤っていた、あるいは当人に合致しなかったとしても、おそらく会社は責任を取らない、あるいは責任を取れないでしょう。

そして、リカレントは、自己責任で学ぶべきテーマを決めて、それに投資していくことになります。結果に対しても自分で責任を取らなければなりません。どちらが、効果的な学習で、より成果を出せるかは、おそらく想像がつくのではないでしょうか。よって、リカレント重視という結論になりました。

また、リクルートワークス研究所「リスキリング ―デジタル時代の人材戦略―」（2020年）には、もっと詳しい説明と事例があります。たとえば、リスキリングなくしてDX（デジタルトランスフォーメーション）の成功はないとか、リスキリングは生き残りのための重要戦略などと説明されます（DXとはデジタル技術によって人々の生活をより良いものへと変革することを意味します）。

そして、世界経済フォーラムの発行したレポート〝Towards a Reskilling Revolution〟（２０１８）を紹介し、組織的にリスキリングに取り組めば、失職する恐れのある人々の95％が新しいキャリアに就け、何もしなければ２％の人しか新しいキャリアに就けないなどとも解説されます。まるで脅しのようにリスキリングを押し付けてきます。

さらに、２０２０年１月の世界経済フォーラムの年次総会では、「２０３０年までに世界で10億人をリスキルする」ことを目標に、政府、ビジネス界、教育界の垣根を越えて様々な国の政策実験や企業の取組みを連携させるといいます。

さて、ここで利を得るのは誰でしょうか？　実はこれらのレポートを作成したエリートたちではないでしょうか。コンサルティング業界にも価値があるのか不確かながら、多くのビジネスが創出されると思います。教育界でも新しい教育機関の設立など、良いビジネスチャンスは増えることでしょう。よって、本当に利を得るのは、労働者なのか、会社なのか、と考えたときに、実はその裏にいるエリート層ではないかということが読み取れるわけです。深く読みすぎでしょうか？

リスキリングは、デジタル時代に適応するために必要な能力を身につけさせることが目的であることは理解できます。たしかに、ＤＸは重要なテーマなので、あらゆる労働者にとって適応しなければならない課題であることもわかります。しかし、それは自分で必要な技能は何かを見出して、どのように対処すべきなのか、自身で考えていかなければならないことです。

結局、リスキリングは会社に従属的な労働者を作ることになってしまうようにも思えます。そして、世界のエリート層の思惑のまま、労働者はリスキルされてしまうということなのかもしれません。

その点、リカレント教育は、自分が主体者になれます。そして、大学院という知識が体系的に集約された教育機関を利用して、修士から博士へと段階的に進んでいくことができます。

さらに、税理士資格を取得するのに、税法を法学研究科で学び、会計を経営学研究科等で学び、税理士試験の免除を得る、「ダブル・マスター」という制度があります。しかしこれからは「ダブル・ドクター」の時代かもしれません。

私の場合、保険契約法が専門ですが、保険の世界にはサイバー保険というものがあります。この保険を理解するには情報セキュリティの深い知識が必要になります。ネットワーク・セキュリティや暗号理論、サイバー攻撃などの知見は有用で、次に博士号を目指すのであれば、博士（情報学）だと思います。

これだけ複雑化した社会において、リカレント教育の一環で「ダブル・ドクター」というのもあり得る目標でしょう。ただ、リスキリングとしてではない点、あえて強調しておきたいと思います。リカレント教育です。

ジョブ型人材で業界に所属する

濱口佳一郎『若者と労働者』（中公新書ラクレ、２０１３年）によると、日本型労働市場を「メンバーシップ型」と呼び、欧米型労働市場を「ジョブ型」と呼んでいます。濱口氏の作った造語ですが、双方の労働市場の特徴をよく表していると思います。

日本は「就職」ではなく「就社」といわれるように、大学を卒業してある会社に入ることが目的のようなところがありますが、ヨーロッパもアメリカも会社はある特定の仕事に対して人が必要なので、その仕事に適合した人材を採用することになります。

日本のような新卒一括採用なる制度はなく、普通は大学卒業後、自分に合った仕事、すなわち「ジョブ」がみつかるまで待つことになります。そして、一度「ジョブ」がみつかればその分野の専門家として生きていくことになり、転職したとしても通常は同じ職種に就くことが多いです。

一方、わが国の場合、会社が新卒を一括採用するので仕事ありきではなく、その会社の「メンバーシップ」になることが目的となり、その後に「ジョブ」を決めるための配属発表があります。仕事に就くのではなく会社に入ることに重きがある社会といえます。よって、会社に入った後は、いろいろな職種を経験することになり専門家もあまり育ちません。さらに転勤という制度もあり、辞令ひとつで国内外どこでも勤務地ということになり、単身赴任などという家庭生活が度外視された慣行がまかり通ることになります。

どちらがよいかという議論をここでするつもりはありませんが、メンバーシップ型社会では比較的失業率が低い傾向にあります。なぜなら、即戦力にならない人材を大量に採用してしまうわが国の新卒一括採用制度が、失業率を下げてきたためです。問題は新卒一括採用時に就活に失敗した人は、敗者復活できないことです。また、好景気の時代に社会に出た人と不景気の時代に社会に出た人との間に明らかな不公平があります。単に運の問題であり能力や実力の問題ではありません。

一方、ヨーロッパもアメリカもジョブ型なので、どちらかというと欠員補充のような採用となり、結果的に即戦力として仕事ができなければそのポジションに採用されることはありません。よって、能力を磨き続ける人材には、いつでもチャンスはあるという意味で公平ともいえます。

そして、資本主義における株主の視点から考えると、なぜ役に立たない新卒を採用し、無駄な人件費を支払うのかという主張が出てきます。経営者の反論は、人材を若いうちから育てて、将来の戦力を養成しているのだ、ということになるでしょう。

しかし、日本企業の人材育成が優れているというのであれば、今の日本企業の凋落は起こらなかったと思います。また、若い人材も自分の勤務先に育ててもらい将来恩返ししようなどという発想も希薄になっています。そもそも経営者は自分の在任中の成果を考えると、未来への投資など考えないし、若い人材も自分がリタイヤするまで自分の勤務先が残っているとも確信していないでしょう。このような相互認識では、新卒一括採用や終身雇用を前提としたメンバーシップ型は終わると思います。メンバーシップ型からジョブ型への流れは止められません。

また、その会社にとって価値ある人材が、その業界にとっても価値ある人材であるということはいえません。望ましくは、ある業界にとって価値ある人材になっていかないと、ジョブ型雇用には適応できなくなります。

この点でも博士号を目指す目的は見出せます。その業界における最先端の知を確立していれば、その業界から必要とされる人材になっているはずです。自身が所属している会社が仮に破綻しても、すぐに横へ移動できる準備は必要な時代です。その時、博士論文に詰め込んだ知識と経験は、必ずあなたを救ってくれるでしょう。

博士も「先立つものは金」という現実

次に社会人が博士号を目指すときに立ちはだかるハードルを見ていきたいと思います。とにかく誰にとっても金銭的な問題はつきまとうと思います。

下記の図表をみてください。国立大学の初年度納付金の高

〔図表3〕日本の大学の初年度納付金の推移（単位：円）

	国立	私立	私立／国立（倍）
1975年	86,000	278,261	3.2
1987年	450,000	762,658	1.7
2000年	755,800	1,080,350	1.4
2020年	817,800	1,316,816	1.6

出所：文部科学省ウェブサイト。

騰に驚きませんか。これは国立大学が法人化されて、国からの運営費交付金が減らされた結果、学費を値上げしなければ立ち行かなくなった結果も含まれます。１９７５年から２０２０年で10倍弱ですが、当時のかけそばが２００円ですから物価は10倍になっていません。私たちは、まずこの現実からスタートしなければなりません。

国立大学法人は、大学院も基本的に大学と同じ学費なので合計81万７８００円で、内訳は次のとおりとなります。

（１）入学料：　28万２０００円
（２）授業料：　53万５８００円

私の場合、実際の授業料の支払は二分割の口座振替にして、４月と10月に26万７９００円引き落とされていました。そして、幸い2年で修了できたので、１年分の授業料53万５８００円は節約できたことになります。そう考えると大きいですね。

結果として、2年間で合計135万3600円使ったことになります。子どもの教育費を使い込んだ父親ではありますが、自分で稼いだお金ということで許してもらうしかありません。そしてわが家の場合、長男が公立高校で長女と二男が公立中学校に通っていたので、何とかやり繰りできましたが、一人でも私立に通っていれば、自分の学費の捻出は困難を極めたかもしれません。

これだけの出費をして大学院に行く価値があったのかということですが、考え方次第で答えは変わります。つまり、この金額はコストと考えると暗い気持ちになりますが、投資と考えるようにしています。おそらく将来、非常勤講師などの仕事をする、あるいは、退職後に事業をはじめるなど、過去の経験からすると、投資額の回収はそれほど難しいことではないと思います。また、お金だけの問題ではありません。未来への可能性を感じるだけでも、投資した価値は感じられます。

次に私立大学の場合ですが、一般的に国立大学よりは費用がかかるのは当然です。しかし、私立大学によっては、学部よりも大学院の授業料が低く設定されているところがあることを知りました。

法学研究科博士課程を前提に確認していくと、法政大学と龍谷大学などで非常に安価な設定になっていました。それぞれの初年度納付金と内訳は次のとおりです。

法政大学：　66万2千円
（入学金：20万円、授業料：40万円、教育充実費：6万円、諸会費：2千円）
龍谷大学：　66万3千円
（入学金、15万円、授業料：36万3千円、施設費：15万円）

これは意外でした。国立大学よりも博士課程の学費については安価に設定されています。調べればもっと出てくるかもしれません。経済的に博士課程の学生に優しい大学院はもっと増えてもらいたいです。

あるいは、戦略的に学費を低く設定して学生を呼び込み、優秀な人材を輩出するというのも大学院のあり方の一つでしょう。定員を満たしていない大学院は散見され、高等教育機関のリソースがまったく使用されていないわけですから。

もちろん、一定の質は確保することが大前提ですが、ここはもっと活性化していくべきでしょう。大学院で真剣に学びたいと思う社会人ほど、しっかり準備はするはずなので、大学院側としても労力はかからないと思います。そのような意欲的な社会人を呼び込むことができる体制をどのように整備するのか、これから知恵と工夫で考えていく必要がありそうです。

しかし、学費の抑制による大学院の活性化の提言をしておきながら、大学院の選択に関する社会人へのアドバイスは、少し違ったものになります。すなわち、学費が高額だとしても、自分の専門分野を指導してくれる教授がみつかったのであれば、コストは度外視して、大学院を選択するということです。20万円や30万円のコストの違いは無視できるほど指導教授選びは大切だと思うからです。

よって、できるだけ多くの大学院に、より進学しやすい学費とカリキュラムにしてもらい、その中から自分に合う教授を探せるというのが理想です。本来は国が投資としてその辺の経済的な支援をしていくべきなのでしょうが残念です。

早期修了プログラムという裏技

コストをできるだけ抑える方法として、私は検討しなかったのですが、1年の短期間で修了できるプログラムがあることを知りました。まず、筑波大学大学院に法学と経営学で早期修了プログラムがあり、最短1年で博士号を取得できる制度がありました。また、名古屋市立大学大学院にも経済学で同じく早期修了プログラムが存在しています。

筑波大学の法学のケースですと、早期修了プログラムに入学できる要件の学術論文数について、「2編以上の査読付き論文相当。ただし、うち1編は10万字程度の分量があること」とあります。この場合、10万字程度の論文を掲載してもらえる専門誌が少ないので、分割して掲載するのか、書籍として出版していることになるのでしょうか。いずれにしても、この10万字の論文をベースに博士論文を完成させるのであれば、論文作成の流れとしては理想的です。

次に筑波大学の経営学については、「学術誌に掲載された査読付き論文2編以上」とあります。法学が「査読付き論文相当」となっているのと比較して、「査読付き論文2編以上」とあるのでハードルが高いのですが、これはその学問の世界の慣習が影響しているのだと思います。法学分野で、あまり査読付き論文というのがないのですが、経営学の場合は一般的なのでしょう。

最後に名古屋市立大学の経済学のケースは、「査読付学術論文1編以上」とあります。これも経済学の世界のことは詳しくないのですが、査読付き論文を提出できる学術誌が多く、その機会があるのかもしれません。

いずれにしても、このような博士課程の早期終了プログラムを活用する人は、入学前にほぼ論文を書き上げている人で、入学後は、追加論点の補充や誤りの訂正、日本語表記の統一など、最終の仕上げを1年かけて実行するというような人に向いていると思います。考え方によっては、すでに論文博士を試みた人にとっては最適な制度で、敗者復活戦として利用する価値は大いにあります。

ただ問題は、自分の専門分野の論文を審査してくれる教授がいるのかどうかということです。これが一番大切なポイントです。自分の書いた内容の分野に知見があり、興味を持ってもらえるのかどうか。

このような前提で考えると、筑波大学と名古屋市立大学だけではまだ数が少なすぎます。

自分が知らないだけで、他にもあるのかもしれませんが、1年や2年の早期修了プログラムを提供する大学院が増えることで、社会人でも博士号を目指せる環境が整うことが望まれます。

第8章

スペシャリストの時代と大学院教育

ローマ時代と人工知能時代の比較

社会人が博士号を取るまでもないであろう、という反論があると思います。ましてや理系とは違い、そんな専門性が必要であろうかと。私はあえて専門家の時代、スペシャリストの時代だと考えます。少し歴史に学んでみましょう。

増田四郎『ヨーロッパとは何か』（岩波新書、1967年）によると、ローマ帝国の時代に帝国領内にゲルマン人が入ってきたとき、多くのローマ人貴族たちは、ゲルマン人の少ない田舎へ逃げていく傾向があったといいます。しかし、能力のある人は転換期に対応するのに非常に苦しみ、いろいろな処世術を考えていきます。つまり、逃げるのではなく積極的に生き方を工夫したのです。

たとえば、侵入してきたゲルマン部族の王室に仕えてゲルマン部族国家の役人になる者がいました。当時ゲルマン人はラテン語や法律の知識をもっていなかったので、ローマ人の活躍の場があったそうです。ゲルマン人の侵入によって社会が変わろうとしていましたが、ローマの裁判官や徴税吏、税関吏といった仕事は新しい社会でもそのまま残されたのです。

また、法律の知識やラテン的教養をもとに部族王国の外交官に登用されるローマ人もいたそうです。特に、高度に洗練された外交技術が要求される外交文書の作成にも、すぐれたローマ文人の登用が必要でした。

このような現象を今の時代に置き換えると、ＡＩがわれわれの領内に侵入してきていると言い換えてもよいでしょう。ＡＩの存在が私たちの職を脅かしている時代に、ＡＩができない仕事をする必要があります。

奈良潤『人工知能を超える人間の強みとは』（技術評論社、２０１７年）によると、ＡＩが得意とするのは規則性がある現象を予測し、パターン化された大量の知的作業を迅速にこなすことだといいます。ところが、カオス（無秩序）な現象が発生すると正確な判断や予想ができなくなります。

そして、１台のコンピューターができるシミュレーション能力は、人間の脳神経細胞の１個分しかないといわれます。人間の脳は１０００億個以上の神経細胞で構成されているので、脳と同じシミュレーション能力を発揮するには、コンピューターがなんと１０００億台を相互に連結させる必要があるそうです。

さらに、人間の直観と感覚がともなう知識や技能に「暗黙知」や「身体知」というものがあり、ひと言で説明すると「コツ」のようなもので、このようなことをＡＩが学習して把握するのは難しいといわれます。

また、松尾豊氏も『人工知能は人間を超えるか―ディープラーニングの先にあるもの』（角川ＥＰＵＢ選書、２０１５年）でシンギラリティ（ＡＩが自分の能力を超えるＡＩを自ら生み出せるようになる時点）はあり得ないと断言します。

いまだかつて人類が新たな生命をつくったことがあるだろうか、という問いに対して、仮に生命をつくることができたとしても、それが人類より優れた知能を持っている必然性はなく、同じことがＡＩにもいえるということです。よって、ＡＩに対する恐れには適切に対処することで克服できることになります。

一方で、ＡＩができないことがあるのか、と安心するのは禁物です。自分が専門的な領域を確立できていないと簡単にＡＩに駆逐されてしまいます。

北野唯我『転職の思考法』（ダイヤモンド社、２０１８年）では次のように断言します。組織にいると給与は当たり前のようにもらえるものと勘違いします。そして、大きい組織にいる人ほど実力以上の給与をもらっていることが多いと。さらにまずいことに、日本では実際の自分の市場価値が自分の給与に合っていないという重要な事実を40代後半まで本人に教えないということです。

たしかに、毎月20日であったり25日であったり、同じ日に自分の預金口座にお金が入金されているのは不思議なものです。これが零細企業の経営者であれば、顧客からの大口の入金がなければ従業員に給料が支払えないとか、売掛債権を回収しなければ銀行への返済が滞ってしまうとか、あれこれ悩むものですが、いわゆるサラリーマンはこの点の資金繰りは考えなくもていいです。これは圧倒的な利点です。

「サラリーマンは気楽な稼業」というのはある面で真実です。そして、大企業では会社の名前や、組織力の「てこ（レバレッジ）」が効いているからこそ大きな仕事ができているわけです。自分が大きな仕事をしているわけではないのですが、簡単に自分がやっていると錯覚してしまいます。

また、自分の市場価値は株価のように情報がオープンにならないのでわかりにくいです。結局、労働市場は株式市場のような透明性に欠けるため、買い手が欲しい人材を正しく評価できません。このような情報の非対称性をうまく利用して生き残るのもいいのですが、どこかで行き詰まるかもしれないし、そうならなくても行き詰まるかもしれないと、ビクビクしながら生きるのはよくないと思います。

だからこそ、ＡＩも他者も追いつくことができないダントツの領域を自分で確立していかなければ、これからの時代を快適に過ごすのは難しいと思います。その点、大学院において修得した知識やノウハウは、客観性があります。博士号までたどり着けば、たしかに自分はある分野の専門家ですと明示することができるようになります。

その点、博士号の取得は、自分は何者であるのかということを示せるという点で価値があります。どの分野の専門家であるかは明らかです。ジェネラリストではなくスペシャリストです。

DXで活性化するリカレント教育

最近は、「AIに仕事が奪われる」とか、「10年後になくなる仕事」などの見出しで言説がみられますが、私は多くの人にとってDXは喜ばしい知らせという意味で福音だと思っています。

一般的に恐怖や不安を煽ることでビジネスが創造できるので、そのことを踏まえていれば、世間でいわれていることについて過度に恐れる必要はないと思います。もちろん、私たち労働者の仕事の中身や、やり方は大きく転換するのは間違いありませんが、どんなにＤＸが進んでも人間のためのＤＸである限り、私たちの活躍の場はあります。

むしろ、私がＤＸで注目したいのは、ＤＸのおかげで多くの労働者が自由な時間をより多く獲得できるのではないかという点です。日々の業務が効率化され、丸一日かかっていた仕事がＡＩのおかげで、１時間で終了するというのであれば、その他余った時間はほかのことに使えます。それこそリカレント教育に使われるべきであり、リスキリングで大騒ぎするよりも豊かな人生を送れると思います。

もっと極端な言い方をするなら、ＤＸのおかげで人は働かなくてもいい時代がくるということです。お金を稼ぐとか、儲けるための知識を習得するとか、競争に勝ち抜くための手法を学ぶとか、そういうことの重要性が低下しだすのではないかということです。

それでは、ＤＸのおかげで創出された時間は何に使うのかというと、自分の人生を豊かにする学びや経験のためではないでしょうか。実務に直結しなくても人生を豊かにする教養などもあるでしょう。あるいは精神性を陶冶するということもあるかもしれません。金儲けとまったく関係ない学びや経験をするために時間を使えるというのは、今までの価値観とは異なる新しい豊かさにつながると思います。

よって、ＤＸを脅威と捉えるよりは、労働から解放されるための道具であるという前提で考え、人生を再構築していく方が快適なはずです。どちらを選ぶかは人それぞれですが、私は稼ぐことに四苦八苦しなくてもいい時代を予感しておきたいと思いますし、そこで創出された余力をリカレント教育に向けることができるようになると考えます。

さらに、稲葉振一郎『ＡＩ時代の労働の哲学』（講談社、２０１９年）によると、ＡＩが産業の現場に導入されると、長期的には生産性が上昇して、一人当たりの所得は増えるといいます。

しかし、ＡＩは誰かが所有する財産なので、それが生み出す富は、その所有者に多く還元されてしまうということです。放っておけば資産を持たない労働者は、ＡＩによる生産力の上昇による恩恵を受けられないことになるので、創造的な仕事にコミットできるようにならなければならないといいます。

これは、社会に出てからも、自分の技術を磨き続ける必要があることを意味します。ＡＩの所有者に収奪されている場合ではありません。富を取り戻す必要があります。そして、場合によっては、自分の専門分野を成長分野にシフトしていくことも必要かもしれません。そのように考えると、大学院が再教育の場を提供するというシナリオは十分あり得ると思います。

これからの労働者は、リカレント教育の一環として、大学院教育を何度も利用するのがよいと思います。いつまでも社会に貢献したいと思っている人の場合、定年が60歳や65歳だからといって、そこでキャリアが切れてしまうことがあってはいけません。その点でも社会人が何度も大学院に行ける社会の到来を期待したいと思います。

高等教育への投資が国力の源泉に

次は少し大きなテーマで、日本の高等教育のあり方について指摘しておきたいと思います。自分自身が大学院の博士課程まで修了して感じたことで、私一人の力ではどうにもならないことです。よって、できるだけみなさんと共有し、将来解決すべきテーマとしてお話しておきたいと思いました。

矢野眞和『大学の条件：大衆化と市場化の経済分析』（東京大学出版会、２０１５年）の分析をもとに、世界各国の高等教育を分類すると、次の四つに分けることができます。

① 北欧型
② ヨーロッパ大陸型
③ アングロサクソン型
④ 日本型

①の北欧型は学費が無料で、しかも給与が支給されます。②のヨーロッパ大陸型は学費が低いが給付型奨学金は充実していません。③のアングロサクソン型は学費が高いが給付型奨学金は充実しています。そして、④の日本型は学費が高くなおかつ給付型奨学金が充実していません。

まず、学費が高く給付型奨学金がほとんど存在しない日本がいかに特殊であるかを認識しなければなりません。高等教育についてだけ考え、どの国に生まれたいかと問われれば、間違いなく北欧の国になるでしょう。あるいは、せめて②のヨーロッパ大陸型です。

いずれにしても日本型が『最悪』になります。アングロサクソン型の典型であるアメリカの学費は高額なイメージが強いですが、給付型奨学金が充実しているので最終的な学生の負担は軽いです。しかも、学生がローンを借りることができるので、親の経済力の問題で大学に行けないということが減るのではないでしょうか。

それにしても、なぜ日本の高等教育に多大な経済的負担がかかるのでしょう。また、最大の疑問は、なぜ誰も現状に文句をいわないのでしょうか。かつての学生運動の一つの争点は学費の値上げ反対でした。当時の感覚がまともで、何も異論が出ない今の感覚がむしろ異常です。

新自由主義のもとでは、すべてが自己責任ということになり、大学に行きたいものは自分で学費を払えということになります。

特に大学生の７割以上は私立大学に通っており、その学費は家庭からの支出です。しかも、その大学生たちが卒業して社会で活躍し、収入を得た後に税金を支払っているのですから、政府はその恩恵を受けています。もっと高等教育に対する機会の平等を確保するために投資をし、多くの人に大学等の高等教育を受けてもらうべきなのです。

矢野氏の経済分析によっても高等教育への投資は、本来であれば道路、交通、港湾などのインフラへの投資よりもはるかに経済をけん引する力があるといいます。大学で勉強したからといって所得が上がるわけではないのですが、大学時代の学習経験と就職後の継続学習が所得を押し上げます。変化の激しい時代に社会人は学習し続けなければなりません。そうでなければ、所得は上がらないわけです。そうであるなら大学で何を学ぶかも大切ですが、学習を継続することの大切さを理解し体得するだけでも大学に行く価値はあるでしょう。

大学進学率が50％を超えたのでこれ以上大学生を増やす必要はない、という議論に対しては、ＯＥＣＤ加盟国の平均進学率は60％以上であり、加盟国中でわが国の大学進学率の順位は後ろから数えたほうが早いということを思い出すべきです。

大学全入時代に学力がないものまで大学へ行く意味がないという見解もありますが、矢野氏の研究によると、教育年数が1年増加することで所得が何パーセント増えるか分析した結果、日本では９％増えるそうです。この数値は所得格差の大きいアメリカの10％より低いのですが、先進国の平均である７・４％より高いということになります。

学力がないのに進学するのは無駄だという思い込みは経済分析によると否定され、日本は誰でも大学に進学すれば報われる社会ということになります。それでは、なぜ大学進学率がＯＥＣＤ加盟国の平均よりも低いのか。経済的負担が重いので大学には行けないという状況があるということです。この事実はすべての人が真摯に受けとめるべきだと思います。

このような状況の日本ですが、これに対する解決策の一つが社会人大学院だと思いました。社会に出てから自分で稼いで、そして大学院に進学するという機会を増やす必要があります。政府が大学に対する運営費交付金を増やせないというのであれば、せめて社会人が大学院で学べる環境を整えるべきです。あるいは、企業が従業員に対して十分な給与を支給できないというのであれば、リカレント教育の機会を確保すべきだと思います。

私は、政府や企業を批判するだけではなく代替案を提案したいわけです。とにかく、すべての社会人が、好きな時に、望む場所で学べる環境を整える。もし経済的支援ができないのであれば、学びたいという意欲のある人には、確かな機会を提供するということをお願いしたいと思います。

世界最古の大学から学べること

少々迂遠ですが、中世ヨーロッパの大学から、日本の大学院のあり方、あるいは社会人学生と大学教員の関係性を考えてみたいと思います。歴史から学べることが多いと思うからです。

暗黒時代といわれる中世ヨーロッパにおいては、キリスト教の教会による支配が強く、古代ギリシャやローマの文化が破壊されて、文化的発展ができなかったと考えられています。その間、魔女狩りもあれば、十字軍の遠征による戦争もあり、イメージとしては暗い時代です。しかし、ルネサンスによって、文芸が復興しヨーロッパ世界に光が差し込めることになります。

このルネサンスは、イタリアのフィレンツェを中心に、古代ギリシャ・ローマの世界の学問や文化が復興したことを指しますが、意外にもその古代の英知をヨーロッパにもたらしたのはアラブの世界でした。十字軍の遠征に参加した人々がアラビアで見たり経験したりしたことは、ヨーロッパ世界にはない高い水準の科学や文化だったのです。

ここで興味深いのは、これらのアラブ世界の文化や科学が、アラビア語からラテン語への大量の翻訳によってヨーロッパに持ち込まれたことです。このような活動を通じてこそ、ヨーロッパに合理的な知性が復活したことは注目すべき点です。外の世界との接触があるからこそ学問が発展するということ、異質なものとの接触が次の時代のイノベーションをもたらすということは、特に島国に暮らす日本人にとって心にとめ、積極的に外の世界から学ぶことを進めるべきなのでしょう。

そして、以上のようなヨーロッパにおける背景を踏まえると、私たち社会人は、もっと大学院で学べることがあるはずなのです。日々の仕事だけでは得られない、学問の論理性や体系性というものを外の世界から探求してみるべきなのです。

同じことは大学教員にもいえます。大学の外にある現実の世界を知り、それを体系的に整理することで、学術的研究の成果がより現実味を帯び、社会を発展させるための原動力になると思います。

そして、ヨーロッパがアラブから学ぶという時代的背景の中で、ヨーロッパでも生産力が向上して商工業が発展し、様々な組合ができました。その中の一つに教師と学生の組合として形成されたのが本格的な大学です。この辺の背景は、山口裕之『「大学改革」という病』（明石書店、２０１７年）に詳しく説明されているのですが、特に有名なのが学生の組合としてのイタリア・ボローニャ大学、そして、教師の組合としてのフランス・パリ大学です。

世界最古の大学であるイタリアのボローニャ大学は法学で有名ですが、イタリアがアラブ世界との交易が盛んで、経済の発展に伴い体系的な法学が必要になったことは想像できます。大学ではローマ法の研究が盛んであったということですが、原書ではなくアラビア語からラテン語への翻訳版をもとに研究されました。

また、ボローニャ大学と並んで世界最古の大学とされるパリ大学は神学で有名です。中世の学問はスコラ哲学が教会や修道院の付属の学校（スコラ）で学ばれていましたが、パリ大学等ではキリスト教信仰とは別に、古代ギリシャの哲人・アリストテレスを含む哲学が学ばれていました。

しかし、教会にとって数々の不都合が存在していたために書物が禁書になったりしていました。また、パリ大学の教師の人事権は教会に握られていたので、教会の支配に対して不満を抱いていた教師たちは自治権を獲得するために教会と戦っています。

この二つの古い大学の歴史的背景から学べることは、比較的自由に外の世界のことを学ぶことができることは学問の発展に重要であることです。そして、大学の自治権は学問の自由を獲得することに必須であることになります。国家や教会に管理統制されることは財政的な支援を得るメリットと引き換えに学問の自由を失い、真理の探究を遠のかせることになるのでしょう。

このような歴史的背景を知ると、草の根レベルで、社会人と大学教員は連携すべきだと思います。大学における国からの研究費がますます減らされ、研究活動が困難になっている状況で、社会人はますます大学院に進学し、現場から研究素材を持ち込むべきなのです。社会人が自分の体験や知識を大学院に提供することにそれほどコストはかかりません。

それと引き換えに、大学教員は学術の世界で自ら培ってきた知識と技術を、体系的に社会人に提供していきます。これが相互補完の関係です。

特に文系においては、社会人大学院を充実させるのに巨額な資金は必要ありません。それ以上に、社会人と大学教員の交流を盛んに行い、共同研究体制を構築するということです。それほどコストはかかりません。社会人にとって現場で生じる素朴な疑問は、大学教員にとっても恰好の研究素材のはずです。その素材に対して様々な角度から光をあてて、真理の探究にいそしむところが、これからの社会人大学院だと思います。社会人は、その研究の結果を現場に持ち帰り、実践で応用することができれば、とても良い循環ができあがります。

これからは、中世の大学で実践されていた学生と教師の活動と同じことを、現代社会における社会人学生と大学教員が実践するときだと思うのです。もう国だけに依存することはできないでしょう。本来、高等教育への投資は、未来への投資なのですが、そのことを忘れてしまった日本において、草の根レベルの地道な活動しか残された道はないのではないかというのが私の印象になります。

高等教育の危機から次の展開へ

10兆円規模の大学ファンドを創設し、運用益を大学支援に充てるという、国際卓越研究大学制度というものがあります。文部科学省が発表した基本方針によると、２０２４年度から認定大学に対して利益が分配されることになります。

この制度に対して、すでに１７００名もの大学の教職員が反対の署名を提出しています。理由は、学問の自由や大学の自治が脅かされるからということのようです。この点、私も同感です。

まず、ある一部の大学の支援を厚くすることで、日本の学術が振興されるとか、科学技術立国が実現できるという考え自体が疑わしいです。たとえば、ある企業の一部署に優秀な人材を集めて、予算を多く配賦しても、その企業の業績は上がりません。組織全体の実力を底上げしなければ、業績向上の実現はおぼつかないでしょう。それと同じで、日本の大学間の格差は広がり、全体的な実力は地盤沈下してしまうと思います。

また、卓越大学に認定されるデメリットもあると思います。産学連携や寄付などで年3%の事業成長の達成や、大学の最高意思決定機関として過半数の学外出身者からなる合議体の新設が求められというものです。そして、認定大学の選考は、首相が議長を務める内閣府総合科学技術・イノベーション会議（CSTI）の意見を踏まえて行われます。これだけの条件を課せば、時の政権による認定大学への介入は容易になることでしょう。「中央公論」2023年2月号の特集で、大学10兆円ファンドについて各大学の学長の見解が出ていました。電気通信大学の学長は、「大学の多様性や自由を奪う危うい制約である。この前提条件が見直されない限り申請しない」といいます。金沢大学の学長も、「いわゆる『稼げる』研究分野が重宝されることは明白である。基礎研究分野や、人文科学分野に代表されるような、中長期的な視点を持つことが重要な研究分野が存在することも忘れてはならない」と指摘します。

その通りだと思います。日本の学術研究の裾野が広がらない限り、全体の実力向上にはつながりません。また、短期的な業績だけ追い求めると、次世代への基礎研究の継承が成り立ちません。さらに、大学単位で利益を配分されると、その大学に勤務しているというだけで受益者となり得る研究者が出てきて、インセンティブにならないということもあるでしょう。研究者個人あるいは研究室に配分されるわけではないのであれば、タダ乗りする研究者が出てきてもおかしくありません。

そもそも、競争が常に善である世界などありません。金融自由化をみても、自由化後に消費者の利便性が向上したなどということはありませんでした。むしろ金融機関の数が減り、選択の幅が狭まり、サービスや人材に多様性がなくなりました。さらにまずいことに、業界自体が疲弊し、業界内の人材一人ひとりの実力が明らかに低下しています。

損保業界をみていればわかりますが、1980年代くらいまでは、各社でハードカバーの専門書を出版できるくらい人材の層が厚く、保険の本質を理解していた人が多かったものです。それが今は、保険の説明もうまくできない「保険屋さん」が増えてしまいました。

明らかな業務知識の不足と、数字優先の販売手法が横行し、日本の損保業界は危機的ではないかと思います。これは銀行でも証券でも同じです。ただの「金貸し」や「株屋」が増えたのです。自由競争させた結果、内実を伴わない人材を多く輩出してしまったと思います。今こそ、各業界の人たちは、自分の仕事を「まっとうな仕事」に戻す時です。

ここは、社会人学生と大学教員あるいは職員が新たな動きを作っていかなければならないと思います。国の財源に頼るだけではなく、社会人が大学院で学び直すのが当然の時代を作っていくということです。

そして、失業率を高めることなく、学部生に対する大学院生の割合は9・8%から、せめて韓国なみの15・6％にすることを、２０３０年までの目標に社会全体がシフトしていくべきです。フランス並みの74・1％になると現実味がなくなりますが、日本に40万人ぐらいの大学院生がいてもよいと思います。そのとき、社会人学生の割合が圧倒的に増えているというのが未来の風景です。

さらに、家庭の事情などで大学に行けなかった社会人もどんどん大学院に進学できる環境を整えていくべきです。大学受験のような儀式を通過することなく、実務経験のある人々に高等教育は開かれていくべきです。

このように、社会人大学院生が増えていくと、受け入れ側の大学院の体制が整わないのではないかという懸念もあるかもしれません。しかし、社会人はあらゆる面で自立しているので大丈夫だと思います。通常の一般学生より社会経験が豊富で、ある程度のことは自分で自律的にできます。指導教授の負担も、大学院職員の負担も過度に増えることなく、一定人数の社会人大学院生を受け入れていくことはできると思います。

そのために以下の3点のことを提言しておきます。

①　大学院の教育プログラムは博士号を取得することを前提にしたものにする
②　実学重視という幻想を捨てて学術的な水準を維持した体制にする
③　論文指導にはオンライン会議システムを多用する

これであれば、今までの教育プログラムを大きく変更する必要はありません。実務家教員も不要なので予算も抑えることができます。

大学への天下りを狙っていた官僚には申し訳ありませんが、実力勝負の世界で生きてもらう必要があります。もう大学の自治を奪うような施策はやめなければなりません。

さらに、「リモート博士」です。論文指導に対面が絶対に必要だと思う必要はありません。ロンドンやシンガポール、ロッテルダムの同僚や取引先とＩＴを使って業務遂行できる時代です。大学院における指導ができないわけがありません。できないと思っているだけです。パンデミックのおかげで働き方や学び方は変わりました。リモートでできてしまうことに、私たちは気づいたのです。もう昔に戻ることはできません。

第9章

おわりに

いかがでしたでしょうか。社会人が博士号を取得するイメージが鮮明に浮かびますか。できるだけ多くの人が自分のこととして想像でき、目標設定できるように書いたつもりです。そして、思いっきりみなさんの背中を押しているつもりです。押された感じがしますか。

もしそうでないとするなら、私の思い違いか、勘違い、あるいは思い込みか、そもそも実力不足です。自分が見えている世界を、ただ書籍にしただけのものであったら、批判を受け入れなければなりません。

一方で、具体的にご自身の博士号への道のりが、そこはかとなく見えてきたということであれば、多くの社会人の方に知っていただきたい内容でもあります。もし、自らの日々の業務を顧みて「まっとうな仕事」になっていないという不完全燃焼の感覚があるのであれば、ぜひ博士号に挑戦していただきたいと思います。

55歳定年制が一般的であった社会で、社会人になった私も、もうすぐでその年齢に到達します。しかし、そこから先10年を目標に据えて、65歳でもう一つ別の博士号を目指せるのか模索中です。できるかどうかわかりませんが、もう一人の自分は答えを知っているはずです。

そして、本書を世に問うことで、目標に向かう自分を鼓舞できているのか考えてみたいと思います。博士号の取得は簡単ではありません。しかし、毎日の継続と日々の業務のつながりを意識した論文執筆で、意外に自分の手の届く範囲に存在しています。

もしそのように思っていただける社会人の方がいるのであれば、本書の目的は達成できています。まだ残された課題は多いです。世の中の制約も多いかもしれません。しかし文句を言っていても事態は改善されません。長期的な目標設定でよいと思いますので、みなさんが、淡々とその目標に向かって進まれることを応援したいと思います。

最後にみなさまからの問題提起や切り口の提示など、今後のさらなる検証に役立てたいと思いますので、ぜひ教えてください。また誤りの指摘や批判があれば、遠慮なくお願いしたいと思います。成功は失敗の積み重ねの中からしか生まれないと信じる者としてお待ちしております。

２０２３年９月　山越誠司

〈著者略歴〉 **山越 誠司**

1968年札幌市に生まれる。1991年東洋大学法学部卒業、1993年東洋大学大学院法学研究科博士前期課程修了。その後、損害保険会社や外資系保険ブローカー、外資系損害保険会社、金融サービス会社など5社に勤務。2020年日本保険学会賞（著書の部）受賞。2023年神戸大学大学院法学研究科博士課程後期課程修了、博士（法学）。

〔単著〕

『先端的賠償責任保険：ファイナンシャル・ラインの機能と役割』（保険毎日新聞社、2022年）

『先端的D&O保険：会社役員賠償責任保険の有効活用術』（保険毎日新聞社、2019年）〔2020年日本保険学会賞〕

『一市民の「コロナ終息宣言」』（アメージング出版、2021年）

〔共著〕

『D&O保険の先端Ｉ（成長戦略と企業法制）』（共著）（商事法務、2017年）

『独立取締役の基礎知識』（共著）（中央経済社、2012年）

【主な論文】

「社外役員のリスクと特化型Ｄ＆Ｏ保険」商事法務２２９０号（２０２２年）

「会社補償とＤ＆Ｏ保険の発展の方向性」商事法務２２６１号（２０２１年）

「サイバー攻撃に対する保険の検討」商事法務２２４３号（２０２０年）

「Ｄ＆Ｏ保険と会社補償制度の相互補完」商事法務２１６８号（２０１８年）

「Ｄ＆Ｏ保険における事故のおそれの判断基準」損害保険研究78巻４号（２０１７年）

「雇用慣行賠償責任保険の実用的価値」損害保険研究79巻３号（２０１７年）

「専門業務賠償責任保険の機能と新たな展開」損害保険研究77巻４号（２０１６年）

「金融機関専門業務賠償責任保険の有効性と限界-銀行業の事例を想定して-」損害保険研究　７巻２号（２０１５年）

「座談会　役員責任の会社補償とＤ＆Ｏ保険をめぐる諸論点〔上〕〔中〕〔下〕」山下友信＝山下丈＝増永淳一＝山越誠司＝武井一浩（共著）商事法務２０３２-２０３４号（２０１４年）

学び直しで「リモート博士」
働きながら社会人大学院へ

2023 年 10 月 27 日　　　初版発行

著者　　　　山越誠司
校正協力　　森こと美
発行者　　　千葉慎也
発行所　　　合同会社 AmazingAdventure
（東京本社）東京都中央区日本橋 3-2-14
新槇町ビル別館第一 2 階
（発行所）三重県四日市市あかつき台 1-2-108
電話　050-3575-2199
E-mail info@amazing-adventure.net
発売元　　　星雲社（共同出版社・流通責任出版社）
〒112-0005 東京都文京区水道 1-3-30
電話　03-3868-3275
印刷・製本　シナノ書籍印刷

※価格はカバーに記載しています。

ISBN978-4-434-32877-0　　C0036